AF523074

RÖMER
KOCHBUCH

Alle Ratschläge in diesem Buch wurden vom Autor und vom Verlag sorgfältig erwogen und geprüft. Eine Garantie kann dennoch nicht übernommen werden. Eine Haftung des Autors beziehungsweise des Verlags für jegliche Personen-, Sach- und Vermögensschäden ist daher ausgeschlossen.

ISBN: 978-3-969300725

Email: info@edition-dreiblatt.de
www.Edition-Dreiblatt.de

Psiana eCom UG
Berumer Str. 44
26844 Jemgum

RÖMER KOCHBUCH

DIE LECKERSTEN TONTOPF REZEPTE ZUM BRATEN, SCHMOREN UND BROTBACKEN WIE DIE RÖMER

Vorwort

Sie haben einen neuen Tontopf und wollen diesen nun natürlich ausgiebig nutzen? Dieses Rezeptbuch ist dann für Sie genau das Richtige. Hier erhalten Sie nicht nur leckere Rezepte und Ideen, sondern bekommen auch viel Hintergrundwissen.

Erfahren Sie in diesem Buch etwas über die Geschichte des Tontopfes, die Funktionsweise sowie über seine Besonderheiten. Die Rezepte geben einen großen Überblick über die Möglichkeiten, die Sie mit diesem Bräter haben. Von herzhaft bis süß werden Sie viele Anregungen finden.

Die angegebenen Rezepte sollten als Hilfestellung für die Zubereitung leckerer und gehaltvoller Speisen angesehen werden. Je nach Geschmack und Belieben können die Rezepte verändert oder ergänzt werden. Freuen Sie sich auf eine andere Art des Kochens und probieren Sie alle Möglichkeiten, die Ihnen Ihr Tontopf in der Küche eröffnet.

Guten Appetit!

Hallo, schön, dass Sie da sind! Als junges Start-Up möchten wir mit liebevollen Kochbüchern die Freude am Kochen (wieder-)erwecken und zu einer natürlichen Ernährung abseits von Fast Food und Fertigprodukten animieren.

Sollte Ihnen dieses Kochbuch gefallen, würden wir uns über eine Rezension bei Amazon riesig freuen. Sollten Sie Anregungen oder Verbesserungsideen haben, dann schreiben Sie uns liebend gerne unter: feedback@edition-dreiblatt.de

Werden Sie Mitglied unseres Newsletters!

Erhalten Sie regelmäßig **tolle Rezeptideen zu verschiedenen Themen**! Außerdem werden Sie über unsere **Neuerscheinungen** informiert und haben die Möglichkeit, an **exklusiven Gewinnspielen** teilzunehmen.

Um sich jetzt für den Newsletter einzutragen, scannen Sie ganz einfach den nebenstehenden QR-Code mit Ihrem Smartphone oder schauen Sie auf unserer Homepage vorbei.
www.edition-dreiblatt.de

Inhalt

Kochen mit dem Tontopf

Der Tontopf als Alleskönner 11
Geschichte des Tontopfes 11
Pflege des Tontopfes 12
Vorteile des Tontopfes 14
Nachteile des Tontopfes 16
Tipps & Tricks bei der Anwendung 17

Brot

Olivenbrot 20
Roggenmischbrot 22
Dinkel-Buchweizen-Brot 24
Topfnussbrot 25
Schnelles Brot 27
Kölsch-Brot 28
Kürbiskernbrot 30
Malzbierbrot 31
Sauerteigbrot 32
Kräuter-Chiabatta 33
Käsebrot 34

Fleisch

Schweinshaxe 36
Sauerbraten 37
Schweinebraten mit krosser Kruste 38
Schweinebraten mit Kidneybohnen 39
Schweinebraten 40
Rinderbraten 41
Jäger-Hackbraten 42
Kasseler 43
Spanisches Rindfleisch 44
Rinder-Pilz-Topf 45
Kasseler-Weißkraut-Topf 46
Gepökelte Schweinebacke 47
Gefüllte Paprika mit Hackfleisch 48
Massaman-Curry 50
Rindfleischtopf mit Rotwein 52
Würzfleisch 53

Geschmorte Rinderippe 55
Feiertagskaninchen 56
Kaninchen franz. Art 58
Kaninchen landfrauenart 59
Tafelspitz 60
Bierfleisch 61

Wild

Wildgulasch 64
Wildschwein-Rollbraten 66
Hirschbraten 67
Rehrücken in Kirschsoße 69
Rehragout mit Weintrauben 70
Gamskeule 71
Rehrippe 72
Wildschweinrücken 73
Hirschgulasch 74
Gänsekeule 75
Hirschrollbraten 76
Rotkohlauflauf mit Rehhackfleisch 77
Hasenrücken 78
Feine Entenbrust 79
Entenkeule 80
Shanghai-Ente 82
Wildente 83
Weihnachtsente 84

Geflügel

Brathähnchen 86
Herbst-Hähnchen 88
Tunesisches Hühnchen 89
Zitronen-Huhn 90
Coq au vin 91
Huhn auf Altrömisch 92
Mediterrane Hähnchenroulade 93
Hähnchenschmortopf 94

Fisch

Forelle 98
Flunder 99
Paella 100
Fischrollen auf Lauchgemüse 102
Fischfilet a la Puttanesca 103
Sardinen 104
Lachsfilet 105
Rotbarbe mit Gemüse 106
Fischfrikassee 108

Auflauf

Lasagne 110
Ital. Gemüseauflauf 111
Spätzleauflauf 112
Kartoffelauflauf 113
Mangold-Auflauf mit Walnüssen 115
Leberkäse-Auflauf 116
Sauerkrautauflauf 117
Brokkoliauflauf 118
Schinkenschnitzeltopf 120
Griechischer Auflauf 121
Nudelauflauf mit Käse und Schinken 122
Nudelauflauf 124
Ofentopf Elsass 125
Schwarzwurzel-Gratin 126
Kohlrabiauflauf 127
Italienischer Auflauf mit Schweinefilet 128

Eintopf & Suppe

Erbsensuppe 130
Steckrübeneintopf 131
Französische Zwiebelsuppe 132
Ochsenschwanzsuppe 133
Minestrone 135
Französische Fischsuppe 136
Feurige Suppe 138
Bohneneintopf 139
Chili con carne 140
Spanischer Bohneneintopf 142
Linseneintopf 143
Eintopf Bosnien 144

Vegan & Vegetarisch

Ratatouille 146
Reis mit Gemüse 147
Reis mit Kürbis 148
Kürbiscurry 149
Kartoffelgratin mit Zucchini 150
Mexikanischer Mais 152
Fruchtiges Curry 153
Spargel 154
Georgische Bohnen 155
Weißkohleintopf 156
Gemüsereis 157
Kichererbseneintopf 158
Blumenkohleintopf 159
Weiße Bohnen mit Feta 160
Biryani 161
Auberginenauflauf 162
Gefüllte Auberginen 164
Gemüseauflauf 165
Gefüllte Paprika mit Quinoa 167
Kürbis-Kartoffelbrei mit Pilzen 168
Bunter Zucchini Eintopf 170
Schweizer Kartoffelrösti 171

Desserts & Süßspeisen

Orangen-Dampfnudeln 174
Mandelcreme 175
Brownies mit Schokosoße 176
Kirschenplotzer 178
Kirschmichel 179
Milchreis 180
Bratapfel 181
Pfirsichauflauf 182
Schokoauflauf 183
Pallatschinkenauflauf mit Erdbeeren 185
Rhabarberkuchen 186
Nussauflauf 187
Buchteln 188
Biskuitpudding 190
Maisgrießauflauf 191
Apfelkuchen 192

Kochen mit dem Tontopf

Der Tontopf als Alleskönner

Der Tontopf ist ein Bräter, der durch seine ovale Form das Zubereiten von großen Fleischstücken oder anderer großer Lebensmittel ermöglicht. Durch den Deckel ergibt sich eine geschlossene Form, die es ermöglicht, mit wenig Zugabe von Flüssigkeit zu kochen. Die Flüssigkeit aus den zugegebenen Zutaten verbleibt innerhalb des Bräters und dient als Kochflüssigkeit. Somit bleiben die Aromastoffe aus den Speisen erhalten und verkochen nicht einfach. Der sich entwickelnde Dampf kann durch den aufgesetzten Deckel nur in geringem Maße entweichen, wodurch die Flüssigkeit lange im Topf enthalten bleibt.

Hergestellt wird dieser Topf, wie der Name schon verrät, aus Ton. Ton ist ein sehr temperaturempfindliches Material. Starke Temperaturunterschiede sollten also vermieden werden. Das Kochen sollte also langsam stattfinden, der Backofen wird meist nicht auf zu hohe Temperaturen vorgeheizt. Nach dem Kochen wird der Topf auch immer langsam abgekühlt und nicht etwa mit kaltem Wasser übergossen. Dies könnte dazu führen, dass der Ton zerspringt. Andererseits hat Ton die wirklich tolle Eigenschaft, den Flüssigkeitshaushalt regulieren zu können. Speisen, die zu lange im Tontopf verbleiben, werden also nicht automatisch zu trocken. Aus diesem Grund hat sich der Werkstoff Ton bei den Römern durchgesetzt. Auch wurden und werden Behälter aus Ton für die Aufbewahrung von Lebensmitteln verwendet. Denken Sie hierbei zum Beispiel an Brot. Durch die feuchtigkeitsregulierende Eigenschaft des Tons trocknen Backwaren nicht so schnell aus und bleiben länger genießbar.

Beim Kochen mit dem Tontopf steht vor allem das Erhalten von Aromen und Flüssigkeit im Vordergrund. Auch die Tatsache, dass Ton die Wärme besser und länger speichert, macht den Werkstoff für einen Tontopf so wichtig.

Der Tontopf kann natürlich auch ohne den Deckel als Bräter oder als einfacher Topf genutzt werden. Die Möglichkeiten sind durch die Bauart und das Material sehr vielfältig.

Geschichte des Tontopfes

Der Tontopf in seiner Form und Bauart sowie seinem Material ist schon weit älter als 2000 Jahre. Römische Feinschmecker waren überzeugt davon, ihre Speisen in einem Tontopf zu garen, um möglichst viele Aromen beizubehalten. Ton war das Material, welches sehr häufig für Speisen und Getränke verwendet wurde. Wen wundert es also, dass dieser Werkstoff auch bei der Speisenzubereitung Anklang gefunden hat?

Die Form des Topfes gibt einen Hinweis darauf, wie gekocht wurde. Der Topf wird mit einem Deckel verschlossen und ergibt so eine Form, die an ein Ei erinnert – eine große stabile Hülle, die das Innere umgibt und vor äußeren Einflüssen schützt. Das war auch wichtig, denn nicht selten wurde der Topf samt Inhalt in einem Erdofen vergraben. Dabei

sollte natürlich möglichst wenig von außen hineingelangen. Ähnlich verhielt es sich beim Garen in der Asche oder über dem offenen Feuer, auch hier wollte man verhindern, dass die herumfliegende Asche in den Topf gelangt. Heutzutage machen wir uns diese Form zu Nutze, da sie genauso verhindert, dass etwas aus dem Inneren nach außen gelangt. So bleiben der Backofen und die Küche dank des Deckels sauber.

Der Tontopf hatte ein großes Comeback in den 1970er Jahren. In dieser Zeit war er das Kochutensil überhaupt. Populär und von jedem gewollt, war er in fast allen Küchen vertreten. Die Popularität hat seitdem etwas nachgelassen, allerdings ist er noch immer ein toller Küchenhelfer und bietet vielerlei Möglichkeiten zur Speisenzubereitung.

Pflege des Tontopfes

Der Tontopf ist ein einfacher Küchenhelfer. Trotzdem gibt es aufgrund des Materials und der Form einige Dinge zu beachten, um dem Topf ein möglichst langes Leben zu ermöglichen.

Säubern Sie den Topf mit einfachem Spülmittel und verzichten Sie auf scharfe Reinigungsmittel, die dem Ton zusetzen können. Ton ist ein Naturprodukt und daher sehr anfällig für Säuren und Laugen. Ein zu scharfes Reinigungsmittel kann den Ton porös werden lassen. Dadurch wird er nicht nur undicht, sondern verliert auch seine Stabilität und kann kaputtgehen.

Da Ton von Natur aus schon leicht porös ist, sollte der Topf vor dem ersten Gebrauch oder nach langer Standzeit immer mit etwas Wasser gereinigt werden. In den Poren können sich Verschmutzungen sammeln, die man natürlich nicht in seinem Essen haben möchte. Diese Poren sorgen auch für den Was-

serhaushalt während des Garens, sodass die Reinigung den Ton mit genügend Wasser versorgt.

Genauso wie scharfe Reinigungsmittel sollten auch aggressive Reinigungsmethoden vermieden werden. Eine starke Bürste, ein Metallschwamm oder Scheuermilch zerstören die Oberfläche des Topfes. Auch bei starken Verkrustungen ist es empfehlenswert, den Topf lieber eine Weile einweichen zu lassen, als ihn zu schrubben. Bedenken Sie immer, dass Ton nicht Metall ist. Er ist sehr viel weicher und anfälliger für mechanische Beanspruchung. Wenn es einmal schnell gehen soll, kann der Tontopf auch in den Geschirrspüler gestellt werden, machen Sie das aber nicht zu oft. Es ist besser, ihn von Hand mit einem weichen Schwamm abzuwaschen.

Sollten Sie den Topf einmal richtig porentief reinigen wollen, empfiehlt sich eine Behandlung mit Essigwasser. Achten Sie hierbei darauf, dass Essig eine Säure ist und nur in geringer Konzentration angewendet werden sollte. Füllen Sie den Topf mit Wasser und geben Sie ein paar Esslöffel Essig hinzu. Den Deckel setzen Sie nun verkehrt herum auf den Topf und füllen auch diesen mit Wasser. Verzichten Sie beim Deckel auf den Essig. Den Topf stellen Sie in den Backofen und erst dann stellen Sie diesen auf etwa 180 °C ein. Lassen Sie den Topf für etwa 60 Minuten im Backofen und stellen Sie den Ofen dann aus. Dort kann der Topf etwas abkühlen. Nehmen Sie den nicht mehr heißen Topf heraus und spülen Sie ihn sorgfältig mit warmem Wasser aus.

Auch der Standort ist wichtig, um dem Tontopf ein langes Leben zu garantieren. Wie schon erwähnt, befindet sich im Naturprodukt Ton auch immer eine Restfeuchte. Damit diese Restfeuchte nicht zu unangenehmen Nebeneffekten führt, sollten Sie den Topf an einem Ort aufbewahren, an dem genug Luft zirkuliert. Ein Stocken der Feuchtigkeit führt dazu, dass diese nicht aus dem Material abtransportiert werden kann.

Vorteile des Tontopfes

Was sind nun also die Vorteile des Tontopfes im Gegensatz zu anderen Kochmöglichkeiten?

Zum einen natürlich der Geschmack. Durch das Garen mit wenig zusätzlicher Flüssigkeit bleiben Geschmack, Aroma und auch die Nährstoffe in großer Konzentration erhalten. Die Gefahr, dass die Soße vielleicht zu verwässert ist, besteht also nicht. Durch das Erhalten der natürlichen Geschmacksstoffe müssen Sie auch nicht übermäßig nachwürzen. Die Gerichte schmecken sehr natürlich und angenehm.

Durch die Feuchtigkeitsregulierung des Tons kann auf übermäßige Fettzugabe verzichtet werden. Dies erspart eine Menge Kalorien und ist wesentlich gesünder. Das Fett kommt bei der Zubereitung von Fleisch aus dem Fleisch selbst und trägt damit auch wesentlich zum Geschmack bei. Durch das fettarme Kochen eignen sich Gerichte aus dem Tontopf sehr gut zur Unterstützung von Diäten. Die schonende Zubereitung unterstützt den Magen und ist gesundheitlich gesehen ein sehr wichtiger Vorteil.

Die Form des Tontopfes sorgt dafür, dass Ihre Küche sauber bleibt. Spritzer, die beim Kochen entstehen, bleiben im Topf. Zudem gibt es keine Verschmutzungen im Backofen und damit auch kein lästiges Putzen des Backofeninneren. Unschöne Spritzer an der Wand und Fettablagerungen werden vom Deckel zurückgehalten.

Nicht nur Spritzer bleiben im Topf, auch Gerüche werden durch den Deckel zurückgehalten. Da dieser nicht luftdicht verschließt, werden Gerüche nicht ganz vermieden, doch sehr stark vermindert.

Bei längeren Garzeiten sorgt der Ton dafür, dass die Speisen nicht austrocknen. Da der Ton selbst Feuchtigkeit gespeichert hat, wird der Inhalt des Topfes auch bei langen Garzeiten mit Feuchtigkeit versorgt und trocknet nicht aus.

Wenn Sie Fleisch zubereiten, wird dieses in einem Tontopf sehr viel zarter als bei anderen Arten der Zubereitung. Durch das vorsichtige Erwärmen des Topfes gart das Fleisch besser durch und ist im Anschluss saftig und zart. Da der Ton gleichmäßig warm wird und durch seinen Wasseranteil sehr gut Wärme leitet, wird auch der Topf gleichmäßig warm. Die Speisen im Inneren werden sehr viel gleichmäßiger erwärmt, als es bei einem Metalltopf der Fall wäre. Bei Metall kommt die Wärme nur von unten, der Tontopf heizt von allen Seiten. Auch wird durch diese Eigenschaft die Wärme sehr viel länger gespeichert. Speisen bleiben länger heiß und tischfertig.

Mit dem Tontopf lässt sich eine Vielzahl an Speisen zubereiten. Nicht nur Fleisch und Fisch stehen mit dem Tontopf auf dem Speiseplan, auch Aufläufe, vegetarische Gerichte und Suppen. Sie können in Ihrem Tontopf auch Süßspeisen und sogar Brot und Kuchen zubereiten.

Durch die Glasur im Inneren des Topfes wird ein Anbrennen und Verkrusten der Speisen vermieden. Dadurch müssen Sie auch nicht ständig kontrollieren und umrühren. Das Kochen an sich ist also sehr viel entspannter. Sie übernehmen die Vorbereitung der Zutaten und der Tontopf macht den Rest.

Allein das Aussehen ist ein großer Vorteil des Topfes. So zeigt sich sein Äußeres sehr passend auf einem rustikal gedeckten Tisch. Die Speisen können direkt im Topf serviert werden und müssen nicht erst auf extra Platten oder Tellern angerichtet werden. Viele Töpfe haben zudem auch sehr hübsche Verzierungen, die ein Blickfang sind. Auf einem großen, alten Holztisch aufgestellt, fügt sich der Tontopf schön ins Bild ein.

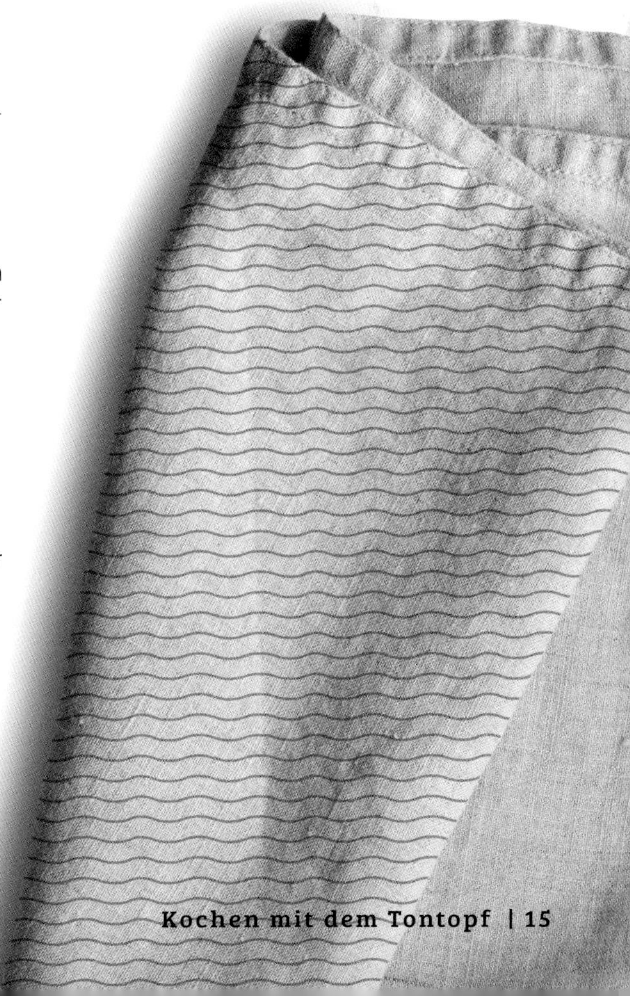

Nachteile des Tontopfes

Durch seine Bauart und das verwendete Material ergeben sich natürlich auch Nachteile im Vergleich zu anderen Zubereitungsformen. Hier sollte gründlich abgewogen werden, ob sich für bestimmte Speisen und Anwendungen ein Tontopf eignet oder ob man lieber auf andere Methoden zurückgreift.

Der Wassergehalt im Tontopf ist einer seiner großen Vorteile, doch wie schon erwähnt ist Ton ein Naturprodukt. Wird er nicht ordentlich gepflegt und regelmäßig gewässert, kann sich im Inneren des Tons eine sogenannte Patina entwickeln. Diese setzt den Poren im Ton zu und verhindert die Feuchtigkeitsaufnahme des Tons. Der Ton trocknet aus und verliert damit eine seiner wichtigsten Eigenschaften. Achten Sie also auf regelmäßige Reinigung und Pflege, um dies zu verhindern.

Das Garen im Tontopf erfolgt sehr viel vorsichtiger als in einem Metalltopf. Der Tontopf sollte keinen großen Temperatursprüngen ausgesetzt werden. Stellen Sie ihn also nicht in den heißen Backofen, sondern erhitzen Sie ihn gemeinsam mit dem Backofen. Auch das Abkühlen dauert bei einem Tontopf länger. Verzichten Sie darauf, ihn mit kaltem Wasser zu übergießen. Ein zu hoher Temperaturunterschied kann zu Sprüngen und Rissen im Material führen. Achten Sie beim Abstellen darauf, den Topf immer auf einer Kork- oder Holzunterlage abzustellen.

Auch das Wässern vor dem Gebrauch kann für den ein oder anderen ein Nachteil sein. Die Poren des Tontopfes müssen mit Wasser gefüllt sein, nur so kann er seine volle Leistung entfalten. Stellen Sie den Topf also vor jedem Gebrauch für ein paar Minuten in ein Wasserbad.

Nach und nach wird Ihr Tontopf nicht nur Wasser, sondern auch Aromen der zubereiteten Speisen annehmen. Hier empfiehlt es sich, verschiedene Tontöpfe für Süßspeisen und Deftiges zu verwenden.

Verfärbungen werden Ihnen nach einer Weile auch auffallen. Diese sind wahrscheinlich nicht mehr zu entfernen. Verfärbungen beeinflussen nicht die Funktionalität, sind aber nicht schön anzusehen.

Der Tontopf eignet sich ausschließlich für den Gebrauch im Backofen. Auf einem Herd ist der Topf nicht anzuwenden, auch nicht auf einem Gasherd mit Flamme. Wegen der Temperaturempfindlichkeit empfiehlt es sich auch nicht, den Tontopf über einer offenen Flamme zu verwenden.

Bei der Handhabung des Tontopfes sind Topflappen oder hitzefeste Handschuhe ein Muss. Der Ton nimmt die Temperatur des Ofens an und behält diese auch für sehr lange Zeit bei. Gewöhnen Sie sich im Umgang mit dem Topf also unbedingt den Gebrauch von Topflappen an, um Verbrennungen vorzubeugen.

Tipps & Tricks bei der Anwendung

TEMPERATUREN

Der Tontopf wird immer in den kalten Backofen gestellt, um einen zu hohen Temperaturunterschied zu vermeiden. Die Garzeit selbst beträgt in etwa 1½-2 Stunden, je nach Inhalt des Topfes. Bei einer Temperatur von etwa 200 °C werden die meisten Speisen im Tontopf gegart. Zur Garzeit kommt immer die Zeit hinzu, die der Ofen zum Aufheizen benötigt. Der Ton kann sehr hohe Temperaturen aushalten, weit über der Gartemperatur. Wichtig ist nur, den Topf langsam zu erhitzen.

FLÜSSIGKEITEN

Flüssigkeiten müssen nur in geringen Mengen, teilweise sogar gar nicht hinzugegeben werden. Die Flüssigkeiten der Zutaten reichen meist schon aus. Wird mehr Flüssigkeit benötigt, kann man stark wasserhaltige Lebensmittel hinzugeben, wie zum Beispiel Zucchini oder Tomaten. Diese Lebensmittel bringen ausreichend Flüssigkeit mit. Sollte der Fall eintreten, dass doch zu wenig Flüssigkeit im Tontopf vorhanden ist, kann auch etwas nachgegeben werden. Aber achten Sie hier darauf, dass das zugegebene Wasser vorher erhitzt wurde. Die Zugabe von kaltem Wasser kann zu einem starken Temperatursturz führen, wodurch der Ton leidet.

Übrigens reicht die Flüssigkeit eines ausreichend gewässerten Tontopfes für etwa 3 Stunden Garzeit aus. Sie brauchen sich also keine Sorgen zu machen, wenn Ihr Braten einmal etwas zu lange im Backofen ist.

ZUTATEN

Zutaten wie Kräuter oder Gemüse, welche zu schnell verkochen, geben Sie erst gegen Ende der Garzeit hinzu. Einige Kräuter können auch direkt vor dem Servieren über die Speisen gestreut werden, so zerkochen sie nicht und Sie müssen den Garvorgang nicht extra unterbrechen. Versuchen Sie, die Zutaten möglichst alle schon am Anfang hinzuzugeben, sodass das Garen nicht unterbrochen werden muss. Einige Zutaten können auch nach dem Öffnen des Topfes hineingegeben werden und noch einige Zeit im heißen Saft schmoren, so bleiben sie bissfest.

BACKEN IM TONTOPF

Damit die Teigwaren nicht am Topf haften bleiben, sollten Sie die Form vor Zugabe des Teigs einfetten und die Oberfläche bemehlen. So können Sie verhindern, dass etwas am Boden oder an den Seiten des Topfes kleben bleibt. Das erspart außerdem Zeit bei der Reinigung.

VORBEREITUNG

Zur Vorbereitung gehört nicht nur das Wässern des Topfes, sondern auch die Bereitstellung aller benötigten Zutaten. Um auch hier noch etwas Zeit zu sparen, nutzen Sie doch die Wässerungszeit einfach, um Ihre Zutaten zu schneiden und zum Kochen bereitzustellen. So können Sie im Anschluss auch gleich den frisch gewässerten Topf benutzen.

POREN

Die Poren im Tontopf dienen nicht nur zur Aufnahme des Wassers, in ihnen lagern sich auch Geschmacksstoffe an. Verwenden Sie daher möglichst immer nur denselben Tontopf für Ihre deftigen Speisen.

Die Poren können aber auch den Geschmack von Reinigungsmitteln annehmen. Verzichten Sie also auch aus diesem Grund auf scharfe Reinigungsmittel. Niemand möchte einen Rinderbraten mit chemischem Beigeschmack. Auch gesundheitlich ist die Verwendung von zu starken Reinigungsmitteln bedenklich, denn beim Garen treten diese Substanzen wieder aus den Poren heraus und gelangen in das Essen.

VERWENDUNG EINMAL ANDERS

Den Tontopf können Sie übrigens nicht nur zum Kochen und Backen verwenden. Durch sein Material eignet sich der Topf bestens zum Aufbewahren von Backwaren. Brot und Brötchen bleiben in einem gut gepflegten Topf lange frisch und genießbar. Das Austrocknen wird verzögert, sodass Ihr Brot auch noch Tage später sehr frisch schmeckt.

Sollte Ihr Topf doch langsam den Geist aufgeben, kein Wasser mehr aufnehmen, fleckig werden oder brechen, so ist er noch immer ein schönes rustikales Dekoelement. Frisch gebackene Brötchen in einem rustikalen Tontopf sind auch etwas fürs Auge. Die Verzierungen auf vielen Töpfen passen prima zu einer rustikalen Küche.

Brot

Olivenbrot

12 Port. 150 Min. Mittel

Zutaten

- 1 Würfel Hefe
- 400 g Weizenmehl (Typ 405)
- 20 schwarze, entsteinte Oliven
- 1 TL Zucker
- 1 TL Salz
- 1 TL getrockneter Thymian
- 2 EL Olivenöl
- ¼ L lauwarmes Wasser
- 1 EL Butter, zum Einfetten

Nährwerte p. P.

146 kcal
24 g kh
5 g Fett
4 g Eiweiß

1 Oliven feinhacken. In einem Mörser werden Thymian und Salz gemischt und so lange gemörsert, bis das Salz fein wie Mehl ist. Die Hefe im lauwarmen Wasser mit dem Zucker verrühren, bis sie sich löst.

2 In einer Schüssel wird das Mehl vorgelegt und nach und nach das Olivenöl sowie das Hefewasser darin verteilt. Geben Sie nun auch die Salzmischung und die gehackten Oliven hinzu. Kneten Sie den entstandenen Teig kräftig durch, sodass sich die Zutaten gut vermischen.

3 Während der Teig zugedeckt für eine Stunde an einem warmen Ort zum Aufgehen aufbewahrt wird, den Tontopf mit Butter einfetten. Vergessen Sie nicht, auch den Deckel von innen zu fetten, da das Brot aufgehen und auch den Deckel berühren kann.

4 Geben Sie nun den Teig in den Tontopf und verteilen Sie ihn gleichmäßig. Die Oberfläche des Brotes können Sie nach Wunsch mit Olivenöl oder Butter bepinseln. Schließen Sie den Topf und lassen Sie den Teig für weitere 30 Minuten noch einmal im Tontopf an einem warmen Ort aufgehen, so wird der Teig schön luftig.

5 Schieben Sie den Tontopf nun in den Backofen und stellen Sie diesen auf 200°C ein. Das Brot benötigt etwa 50 Minuten zum Backen. Für die letzten 10 Minuten entfernen Sie den Deckel, sodass das Brot schön knusprig wird.

Roggenmischbrot

10 Port. 170 Min. Mittel

Zutaten

15 g Hefe, frisch
360 ml Wasser, lauwarm
300 g Dinkelmehl
350 g Roggenmehl
1 EL Honig
2 TL Salz
20 g Butter
100 g Sauerteig
1 TL Brotgewürz

Nährwerte p. P.

132 kcal
26 g kh
1 g Fett
4 g Eiweiß

1 Lösen Sie die Hefe zusammen mit dem Honig im lauwarmen Wasser gut auf.

2 Während sich die Hefe löst, werden in einer großen Schüssel der Sauerteig mit Mehl, Butter und Salz vermengt und das Brotgewürz hinzugegeben. Erst jetzt wird das Wasser nach und nach hinzugefügt. Kneten Sie währenddessen den Teig kräftig mit den Knethaken durch.

3 Wenn sich ein gleichmäßiger Teig ergeben hat, wird die Schüssel abgedeckt und für etwa 90 Minuten zum Gehen an einen warmen Ort gestellt.

4 Der Tontopf wird in der Zwischenzeit gut eingefettet und mit Mehl bestäubt.

5 Der aufgegangene Teig wird nun in zwei gleichgroße Stücke geteilt und jeweils noch einmal kräftig geknetet. Aus den beiden Teigstücken werden nun Kugeln geformt, welche dann nebeneinander in den Tontopf gelegt werden. Bestäuben Sie den Teig noch einmal mit etwas Mehl und schneiden Sie ihn dann kreuzweise ein.

6 Auf der unteren Schiene wird das Brot nun im geschlossenen Tontopf für eine Stunde bei 240 °C gebacken. Weitere 10 Minuten sollte das Brot ohne Deckel im Ofen verbleiben, damit es sich braun färbt.

Dinkel-Buchweizen-Brot

12 Port. 100 Min. Mittel

Zutaten

¾ l Wasser, lauwarm
1 Würfel frische Hefe
600 g Dinkel-Vollkornmehl
3 TL Salz
200 g Buchweizen
4 EL Balsamico
1 TL Koriander

Nährwerte p. P.

241 kcal
48 g kh
1 g Fett
9 g Eiweiß

1 Den Hefewürfel fein zerbröseln und in dem lauwarmen Wasser auflösen lassen. In einer großen Schüssel werden die restlichen Zutaten zusammengemischt und anschließend mit dem lauwarmen Wasser zu einem Teig zusammengemengt.

2 Um das Gehen des Teiges etwas zu erleichtern, füllen Sie den Teig in den gefetteten Tontopf und stellen Sie dann den Topf in warmes Wasser. Der Teig sollte sich in einer halben Stunde etwa verdoppelt haben.

3 Trocknen Sie nun den Topf von außen ab und stellen Sie ihn in den Backofen. Der Tontopf sollte auf der untersten Schiene platziert werden.

4 Stellen Sie den Ofen auf 220 °C ein und lassen Sie das Brot darin für 50 Minuten backen.

5 Entfernen Sie nun den Deckel und lassen Sie das Brot für weitere 10 Minuten im Backofen, damit es eine schöne Bräunung bekommt.

6 Nach dieser Zeit sollten Sie mit einem Holzstäbchen in den Teig stechen. Klebt noch immer etwas roher Teig daran, lassen Sie das Brot weitere 10 Minuten backen.

Topfnussbrot

12 Port. 140 Min. Mittel

Zutaten

1 kg Mehl
1 TL Zucker
2 TL Salz
1 Würfel Hefe
500 ml Buttermilch
50 ml Milch
200 g Walnüsse
1 Becher saure Sahne

Nährwerte p. P.

443 kcal
67 g kh
14 g Fett
10 g Eiweiß

1 Zuerst wird die Hefe fein zerbröselt und in der Milch aufgelöst, geben Sie hierzu schon den Zucker. Lassen Sie die Hefe für etwa 30 Minuten in der Milch ruhen.

2 In der Zwischenzeit wird der Tontopf gewässert und anschließend mit Öl eingestrichen und mit etwas Mehl bestäubt.

3 Nun werden alle Zutaten in einer Schüssel zu einem glatten Teig verknetet. Der fertige Teig wird im Tontopf verteilt.

4 Schließen Sie nun den Deckel und stellen Sie den Topf in den Backofen. Bei 50 °C 30 Minuten gehen lassen.

5 Nach der Gehzeit können Sie den Ofen direkt auf 200 °C einstellen und das Brot für etwa 1 Stunde backen lassen.

6 Lassen Sie das Brot noch gut bräunen, indem Sie es für 10 Minuten ohne Deckel backen lassen.

Schnelles Brot

12 Port. 85 Min. Leicht

Zutaten

½ l Buttermilch
1 kg Weizenmehl
2 Pck. Trockenhefe
etwas Honig
2 EL Quark
3 TL Salz
1 Ei
etwas Milch
nach Geschmack Kerne (z.B. Sonnenblumenkerne)

Nährwerte p. P.

309 kcal
61 g kh
2 g Fett
10 g Eiweiß

1 In einem Topf wird die Buttermilch mit etwa 2 EL Milch erwärmt. In die warme Milch wird nun die Hefe eingerührt. Geben Sie nach und nach etwas Honig, den Quark und das Salz hinzu und verrühren Sie alles sorgfältig. Zum Schluss noch das Ei hineinschlagen und kräftig vermengen.

2 In einer großen Schüssel das Mehl vorlegen und darauf langsam die Milchmischung gießen. Für mehrere Minuten den Teig kräftig rühren und kneten, bis Sie einen Brotlaib daraus formen können.

3 Den Tontopf am besten mit Backpapier auslegen oder genügend einfetten und mit Mehl bestäuben.

4 Legen Sie nun den geformten Laib in den Tontopf und verteilen Sie darauf nach Belieben die Kerne.

5 Verschließen Sie den Topf nun mit dem Deckel und stellen Sie diesen in den kalten Backofen. Bei 180 °C benötigt das Brot etwa 1 Stunde zum Backen.

6 Wenn Sie eine knusprige Oberfläche bevorzugen, lassen Sie das Brot ohne Deckel noch etwa 20 Minuten lang im Backofen. Schalten Sie den Backofen aus und lassen Sie den Tontopf bei geöffnetem Backofen abkühlen.

Kölsch-Brot

10 Port. 1 Tag Leicht

Zutaten

½ kg Mehl
4 g frische Hefe
1 Flasche Kölsch
25 g Walnüsse, gehackt
3 TL Salz
65 ml Wasser

Nährwerte p. P.

210 kcal
39 g kh
3 g Fett
4 g Eiweiß

1 Die Hefe zerkrümeln und in eine Schüssel geben. Dazu kommen Wasser, Salz, Kölsch und die gehackten Walnüsse. Rühren Sie alles kräftig durch, sodass sich die Hefe gut löst. Geben Sie nun nach und nach das Mehl hinzu und rühren Sie währenddessen kräftig weiter. Der Teig sollte allein durch das Rühren gut durchmischt sein, so können Sie auf das Kneten verzichten.

2 Schüssel mit einem Küchentuch abdecken und den Teig in den Backofen stellen. Einschalten müssen Sie diesen nicht, lediglich die Beleuchtung sollte eingeschaltet sein. Nun 12 Stunden gehen lassen. Rühren Sie den Teig ab und zu um und achten Sie darauf, dass die Backofentür immer einen Spalt geöffnet ist.

3 Nehmen Sie nun den Teig aus dem Backofen und stellen Sie den gewässerten, leeren Tontopf hinein. Erhitzen Sie diesen im Backofen auf 250 °C. Nehmen Sie den Tontopf kurz heraus und stellen Sie ihn auf eine Korkunterlage oder Ähnliches. Bepinseln Sie den Tontopf mit Öl und geben Sie dann den Teig hinein.

4 Verschließen Sie den Tontopf und stellen Sie ihn wieder in den Backofen. Achten Sie darauf, dass der Topf nicht zu sehr auskühlt.

5 Lassen Sie das Brot nun für 1 Stunde backen. Für die letzten 10 Minuten sollte der Deckel entfernt werden, damit das Brot eine schöne Bräunung erhält.

Kürbiskernbrot

12 Port. 180 Min. Mittel

Zutaten

- 350 ml Wasser, lauwarm
- 1 TL Zucker
- 1 Würfel Hefe
- 600 g Weizenvollkornmehl
- 200 g Weizenmehl (Typ 405)
- 3 TL Salz
- 1 Prise Koriander
- 100 g Kürbiskerne
- 50 ml Kürbiskernöl

Nährwerte p. P.

299 kcal
42 g kh
9 g Fett
10 g Eiweiß

1 In lauwarmem Wasser wird die Hefe samt dem Zucker aufgelöst und für etwa 10 Minuten stehen gelassen.

2 In einer großen Schüssel nun alle Zutaten zu einem glatten Teig verkneten. Anschließend den Teig zu einer Kugel formen und abgedeckt an einem warmen Ort für etwa 1 Stunde gehen lassen.

3 Nun den Teig noch einmal kräftig kneten und zu einem Brotlaib formen. Der Tontopf wird mit Öl eingepinselt und der Brotlaib wird dort hineingelegt. Mit einer Gabel mehrmals in die Oberseite des Laibs stechen und den Deckel verschließen.

4 Im Backofen wird das Brot bei 200 °C für 90 Minuten gebacken. Wenn Sie eine Kruste bevorzugen, sollten Sie das Brot in den letzten 10 Minuten ohne Deckel weiter backen lassen.

5 Nehmen Sie nun den Tontopf aus dem Backofen und stürzen Sie das Brot auf ein Gitter, damit es auskühlen kann.

Malzbierbrot

12 Port. 1 Tag Mittel

Zutaten

400 ml Malzbier
500 g Weizenmehl
4 g Hefe, frisch
3 TL Salz
1 EL Öl

Nährwerte p. P.

155 kcal
32 g kh
1 g Fett
5 g Eiweiß

1 In einer großen Schüssel werden die Zutaten zu einem glatten Teig verknetet. Achten Sie darauf, dass die Hefe möglichst fein zerbröselt wird, sodass Sie sich gut im Teig verteilt.

2 Decken Sie die Schüssel nun mit einem Geschirrhandtuch ab und stellen Sie diese in den Backofen.

3 Der Teig sollte nun für etwa 16 Stunden, bei eingeschalteter Lampe, im Backofen gehen. Achten Sie darauf, dass die Tür des Backofens einen Spalt geöffnet bleibt.

4 Nun wird der gewässerte Tontopf in den Backofen gestellt, gleichzeitig der Teig herausgenommen. Den Topf im Backofen auf 250 °C erhitzen.

5 In der Zwischenzeit den Teig noch einmal kräftig durchkneten und zu einem Brotlaib formen. Den heißen Tontopf aus dem Backofen nehmen, mit Öl bepinseln und sofort den Teig hineingeben.

6 Nun wird das Brot für 50 Minuten gebacken. Weitere 10 Minuten sollte das Brot für eine schöne Braunfärbung ohne Deckel backen.

Sauerteigbrot

10 Port. 4 Tage Schwer

Zutaten

300 g Roggenmehl
600 g Dinkelmehl
1 Hefewürfel
1 EL Brotgewürzmischung
1 EL Malz
2 EL Rübenkraut
1 EL Salz
600 ml Wasser, lauwarm
etwas Fett für den Topf
evtl. Körner n.B.

Nährwerte p. P.

386 kcal
78 g kh
5 g Fett
11 g Eiweiß

1 Zunächst Sauerteig ansetzen:
Tag 1: 100 g Roggenmehl mit 100 ml Wasser vermengen und 24 Std. gehen lassen.
Tag 2: 100 g Roggenmehl und 100 ml Wasser dazugeben.
Tag 3: 100 g Roggenmehl hinzugeben und so viel Wasser, dass sich ein dicker Brei bildet. Wieder für 24 Std. ruhen lassen. Nun sollten Blasen zu sehen und der Sauerteig fertig sein. Von den 550 g Sauerteigansatz ca. 300 g entnehmen und im Kühlschrank als neuen Starter aufbewahren.

2 Den restlichen Sauerteig mit Roggenmehl, Dinkelmehl und etwas Wasser mischen. Geben Sie die weiteren Zutaten hinzu. Lösen Sie die Hefe in 600 ml warmem Wasser und kneten Sie sie mit einem Handmixer in den Teig ein. Nach Belieben Körner hinzugeben.

3 Teig in den ausgefetteten Tontopf legen und für 45 Minuten an einem warmen Ort gehen lassen. Danach in den kalten Ofen schieben und ca. 30 Minuten bei 220 °C backen. Weiterbacken bis die gewünschte Bräune erreicht ist.

Kräuter-Chiabatta

10 Port. 110 Min. Leicht

Zutaten

- 30 g frische Hefe
- 300 ml Wasser, lauwarm
- 400 g Weizenmehl
- 5 EL Weizenmehl
- 2 TL Salz
- 2 EL Olivenöl
- 1 Bund gehackte Kräuter
- 1 Zehe Knoblauch
- 5 EL Olivenöl
- etwas Salz
- etwas Pfeffer
- Zucker

Nährwerte p. P.

207 kcal, 30 g kh,
7 g Fett, 4 g Eiweiß

1 Teig anrühren mit Hefe, Wasser, Mehl, Salz und etwas Öl. Lassen Sie den Teig an einem warmen Ort für ca. 30 Minuten gehen.

2 Hacken Sie die Kräuter grob, schälen und hacken Sie den Knoblauch. Pürieren Sie die Kräuter und den Knoblauch mit etwas Öl und schmecken Sie alles mit Salz, Pfeffer und Zucker ab.

3 Geben Sie das entstandene Kräuteröl mit 5 EL Mehl zum Teig und kneten Sie ihn durch. Den Teig nochmals 30 Minuten gehen lassen, in den Tontopf legen und bei 200 °C Ober-/Unterhitze für 40 Minuten backen.

Käsebrot

8 Port. 130 Min. Leicht

Zutaten

- 150 g geriebener Käse
- 500 g Mehl
- 1 TL Salz
- 1 Pck. Trockenhefe
- etwas Kümmel
- etwas Paprikapulver
- etwas Zucker
- 1 kleine Zwiebel
- 300 ml Wasser

Nährwerte p. P.

279 kcal
50 g kh
4 g Fett
9 g Eiweiß

1 Hacken Sie die Zwiebel möglichst fein. In einer großen Schüssel werden nun Mehl, Zwiebel, Salz, Paprika, Kümmel, 100 g Käse, Zucker und Hefe zu einem Teig verarbeitet. Nach Belieben können Sie die Zwiebeln roh oder angeschwitzt hinzugeben. Zum Schluss noch das Wasser hinzugeben und gründlich vermengen. Der Teig sollte nun für etwa 1 Stunde zugedeckt an einem warmen Ort gehen.

2 In der Zwischenzeit den Tontopf wässern und anschließend gut abtrocknen. Fetten Sie den Topf gründlich mit Öl oder Butter ein.

3 Geben Sie den Teig nun in den Topf und streuen Sie den restlichen Käse gleichmäßig darüber. Das Brot wird nun bei 200 °C für 50 Minuten gebacken. Kurz vor Ende der Backzeit den Deckel entfernen und den Käse goldbraun backen lassen.

Fleisch

Schweinshaxe

2 Port. 230 Min. Leicht

Zutaten

2 große Zwiebeln
2 Schweinshaxen á 450 g
Pfeffer & Salz
etwas Mehl

Nährwerte p. P.

801 kcal
17 g kh
37 g Fett
95 g Eiweiß

1 Die Schweinshaxen gründlich waschen und abtupfen. Dann mit Salz und Pfeffer kräftig von allen Seiten würzen. Den Tontopf gut wässern. Die Zwiebeln schälen und in große Stücke schneiden.

2 Legen Sie nun die Haxen und die Zwiebeln in den vorbereiteten Tontopf und verschließen Sie diesen mit dem Deckel. Stellen Sie den Topf in den Backofen und regeln Sie die Temperatur auf 175 °C. Nun werden die Haxen für 2,5-3 Stunden gegart. Nach dieser Zeit öffnen Sie den Deckel und entfernen eventuell zu viel ausgelassenes Fett. Nun für 45 Minuten ohne Deckel weiter garen lassen, so werden die Haxen schön knusprig.

3 Topf aus dem Ofen nehmen und die Haxen warm stellen. Der entstandene Zwiebelsud wird mit einem Pürierstab fein püriert und mithilfe von Mehl oder Soßenbinder etwas angedickt. Ggf. noch etwas Wasser hinzugeben.

Tipp: Dazu eignen sich Knödel oder Kartoffelpüree und Rotkohl.

Sauerbraten

4 Port. 2 Tage Mittel

Zutaten

1 – 1,5 kg Rinderfleisch
Sauerbratenwürzmischung
½ l Essig
1 Bund Suppengemüse
Soßenlebkuchen
evtl. Rübenkraut
8 Kartoffeln

Nährwerte p. P.

620 kcal
25 g kh
12 g Fett
65 g Eiweiß

1 Das Fleisch von Flexen und der Silberhaut befreien. Die Sauerbratenwürzmischung nach Anleitung auf der Packung mit Wasser und Essig aufkochen und das Fleisch darin einlegen. Für 2-3 Tage in den Kühlschrank stellen.

2 Nach der Marinierzeit das Fleisch aus der Beize nehmen, abtropfen und in den gewässerten Tontopf legen. Das Suppengemüse rund um das Fleisch verteilen. Kartoffeln kleinschneiden und ebenfalls hinzugeben. Etwas von der Beize dazugeben. Wer mag, kann sie gleich durchsieben, damit die ganzen Gewürzkörner nicht mit drin sind.

3 Den Deckel schließen und den Topf für ca. 2,5 Stunden bei 200 °C im Ofen schmoren. Ca. jede ½ Stunde etwas von der Beize angießen.

4 Nach der Garzeit den Braten herausnehmen. Die Soße durchsieben und mit Soßenlebkuchen abbinden. Wer noch etwas Süße an der Soße haben möchte, kann 2-3 Löffel Rübenkraut drangeben. Alternativ auch eine Prise Zucker. Die Soße evtl. nachwürzen.

Schweinebraten mit krosser Kruste

4 Port. 140 Min. Leicht

Zutaten

- 1 kg Schweinebraten mit Schwarte
- 2 Bund Suppengrün (Lauch, Sellerie, Pastinaken, Petersilienwurzel, Karotte)
- 2 -3 Zwiebeln
- 2 Knoblauchzehen
- ¼ l Brühe (möglichst Fleischbrühe, Gemüsebrühe geht aber auch)
- 0,5 l Bier (am besten Helles oder Dunkles Bier)
- Salz & Pfeffer

Nährwerte p. P.

396 kcal
4 g kh
15 g Fett
53 g Eiweiß

1 Den Tontopf wie gewohnt wässern.

2 Die Schwarte mit einem scharfen Messer rautenförmig einritzen. Rundherum gut mit Salz und Pfeffer einreiben.

3 Das Gemüse schälen bzw. putzen und in grobe Stücke schneiden. In den Topf geben, Brühe aufgießen und Fleisch auf das Gemüse legen.

4 Deckel schließen und den Topf in den Ofen stellen. Jetzt erst den Ofen auf ca. 200 °C einstellen und für 2 Stunden schmoren lassen. Dabei in regelmäßigen Abständen mit Bier übergießen. Die letzte halbe Stunde mit offenem Topf und der Grillstufe vom Ofen fertig schmoren lassen.

5 Nehmen Sie das Fleisch aus dem Topf und stellen Sie es zur Seite. Das Gemüse aus der Brühe nehmen und die Soße abbinden. Wer keinen Soßenbinder oder Mehl verwenden möchte, kann etwas von dem Gemüse pürieren und es zugeben, das macht die Soße auch schön sämig.

6 Das Gemüse auf Tellern anrichten, das Fleisch aufschneiden und mit auf die Teller geben. Dazu die Soße reichen. Gut passen dazu Knödel oder Kartoffeln.

Schweinebraten mit Kidneybohnen

6 Port. 120 Min. Leicht

Zutaten

1 Schweinebraten (Nacken o.ä.)
3 große Karotten
3 große Zwiebeln
1 kleiner Hokkaido (ca. 500 g)
1 Paprikaschote (gelb oder rot)
2 TL Thymian, getrocknet
scharfes Paprikapulver
3 Lorbeerblätter
2 Dosen Kidneybohnen
Salz & Pfeffer

Nährwerte p. P.

589 kcal
9 g kh
30 g Fett
28 g Eiweiß

1 Das Fleisch abspülen, trocken tupfen und rundherum mit Salz und Pfeffer würzen. Anschließend in den Tontopf geben, Deckel auflegen und in den ausgeschalteten Ofen stellen. Bei Ober-/Unterhitze 220 °C für 95 bis 110 Minuten schmoren.

2 Während das Fleisch im Ofen ist, Zwiebeln schälen, in Ringe schneiden. Karotten und Kürbis schälen bzw. putzen und in feine Streifen schneiden. Paprika putzen und auch in feine Streifen schneiden.

3 Die Bohnen durch ein Sieb abgießen und mit dem Gemüse mischen. Salz, Pfeffer und Paprikapulver zugeben und verrühren.

4 Nach 50 Minuten Garzeit das Gemüse zum Fleisch geben. Die Lorbeerblätter und die Hälfte vom Thymian zufügen. Anschließend weiter für 40 – 50 Minuten schmoren. Dann den Deckel abnehmen und für 10 Minuten offen schmoren lassen.

5 Das Fleisch aus dem Topf nehmen und zur Seite stellen. Gemüse nachwürzen und auf Tellern verteilen. Das Fleisch in Scheiben schneiden und zum Gemüse auf die Teller legen. Der restliche Thymian dient als Topping.

Schweinebraten

4 Port. 140 Min. Leicht

Zutaten

1,5 kg Schweinebraten
1 Bund Suppengrün
2 Knoblauchzehen
1 Zwiebel
250 ml Brühe
Kümmel
Pfeffer
Salz

Nährwerte p. P.

675 kcal
8 g kh
35 g Fett
77 g Eiweiß

1 Den Schweinebraten für einige Stunden in Salz einlegen. Tontopf wässern. Der Braten wird in einer Pfanne von allen Seiten scharf angebraten. Mit Pfeffer und Kümmel einreiben. Im Tontopf werden die Brühe und das grob geschnittene Gemüse vorgelegt. Den verschlossenen Topf in den Backofen stellen und diesen auf 200 °C einstellen.

2 Wenn der Tontopf heiß geworden ist, wird der Schweinebraten in den Tontopf gegeben. Sollte an dem Braten eine Schwarte sein, bitte darauf achten, dass diese nach unten zeigt. Den Braten für etwa 1 Stunde im Backofen garen. Nach dieser Zeit den Braten drehen und die Schwarte mit viel Salz bestreuen. Diese dazu am besten einschneiden. Für eine weitere Stunde garen lassen.

3 Nun wird der Tontopf aus dem Backofen genommen und die Soße in einen Topf oder eine Schüssel gegeben. Der Braten wird ohne Deckel für weitere 10 Minuten im Ofen knusprig gegrillt. Währenddessen wird die Soße püriert und nach Belieben angedickt und gewürzt. Als Beilage eignen sich Salzkartoffeln oder Knödel.

Rinderbraten

4 Port. 80 Min. Leicht

Zutaten

- 1 kg Rindfleisch
- 2 Zwiebeln
- 5 Tomaten
- 1 Bund Petersilie
- 3 EL Sesamöl
- Salz
- Pfeffer
- Thymian, frisch, etwa 3 Zweige
- 300 g Schinkenwürfel
- 300 g Champignons
- 300 ml Rotwein
- 2 TL Stärke
- 200 g Crème fraîche

Nährwerte p. P.

641 kcal, 12 g kh,
26 g Fett, 72 g Eiweiß

1 Das Rindfleisch gründlich waschen und trockentupfen. Nun den Braten von allen Seiten mit Salz und Pfeffer einreiben, zusätzlich etwas Sesamöl auftragen.

2 Den Tontopf wässern und abtrocknen, das Rindfleisch mittig hineinlegen.

3 Zwiebeln, Tomaten und Champignons in Stücke schneiden und um den Braten herum verteilen. Nun die Petersilie und den Thymian hacken und mit dem Rotwein in den Tontopf geben. Schinkenwürfel ebenfalls hinzugeben.

4 Verschließen Sie den Topf und stellen Sie ihn in den Backofen. Stellen Sie die Temperatur auf 200 °C ein und lassen Sie den Rinderbraten für 1 Stunde schmoren.

5 Nach Ende der Garzeit nehmen Sie den Topf aus dem Ofen und lassen ihn auf einer Korkunterlage noch etwa 10 Minuten lang ruhen. Zum Schluss wird die Stärke mit der Crème fraîche verrührt und unter die Soße gegeben.

Jäger-Hackbraten

5 Port. 130 Min. Mittel

Zutaten

3 Eier
1 kg gemischtes Hackfleisch
2 Brötchen (vom Vortag)
2 Zwiebeln
3 Knoblauchzehen
400 g Champignons
1 Pck. Frühstücks Bacon
1 kl. Becher Joghurt
1 kl. Becher saure Sahne
250 ml Brühe
Tomatenmark
Pfeffer
Salz
Paprikapulver

Nährwerte p. P.

623 kcal
21 g kh
39 g Fett
43 g Eiweiß

1 Zwiebeln und Knoblauch sehr fein hacken. In einer Schüssel das Hackfleisch mit Eiern, Knoblauch, Zwiebeln und den eingeweichten Brötchen vermengen. Würzen Sie die Mischung kräftig.

2 Formen Sie aus dem Hackfleisch einen Laib, der im Tontopf zu allen Seiten noch etwa 2 cm Platz hat.

3 Auf dem Laib werden die Bacon-Streifen gleichmäßig verteilt, sodass sie das gesamte Fleisch bedecken. Um den Laib herum kommt eine Mischung aus Brühe, Joghurt, saurer Sahne und etwas Tomatenmark.

4 Schließen Sie den Deckel und stellen Sie den Tontopf in den Backofen. Dieser wird auf 200 °C eingestellt. Nun wird der Braten für 70 Minuten gebacken.

5 In der Zwischenzeit die Champignons in feine Scheiben schneiden. Geben Sie diese nun hinzu und backen Sie alles für weitere 45 Minuten.

6 Nehmen Sie den Topf aus dem Ofen. Der Hackbraten wird entnommen und in dünnen Scheiben mit der Soße serviert. Die Soße vor dem Servieren noch einmal mit Gewürzen abschmecken.

Kasseler

2 Port. 80 Min. Leicht

Zutaten

250 g Kartoffeln
250 g Kasseler
250 g grüne Bohnen
1 Zwiebel
3 Möhren
Pfeffer
Salz
Cayennepfeffer
Paprikapulver
etwas Olivenöl

Nährwerte p. P.

403 kcal
36 g kh
15 g Fett
28 g Eiweiß

1 Den Kasseler gründlich waschen und abtupfen. Anschließend in mundgerechte Stücke schneiden. Kartoffeln schälen und in Spalten schneiden. Bohnen und Möhren putzen und in Stücke schneiden. Zwiebeln fein würfeln.

2 In der Zwischenzeit den Tontopf wässern und abtrocknen. Nun alle Zutaten in den Tontopf geben, kräftig würzen und einen Schuss Olivenöl zugeben.

3 Den geschlossenen Tontopf in den Backofen stellen. Die Temperatur auf 180 °C einstellen.

4 Das Kasseler-Gericht sollte für etwa 60 Minuten im Ofen verbleiben. Den Deckel dabei über die gesamte Zeit verschlossen halten.

5 Nach der Garzeit den Tontopf aus dem Ofen nehmen und auf einer Korkunterlage aufbewahren. Gericht kann sofort serviert werden.

Tipp: Passend dazu ist ein frischer Salat.

Spanisches Rindfleisch

4 Port. 140 Min. Leicht

Zutaten

1 kg Rindergulasch
2 Gemüsezwiebeln
1 Dose Tomaten, stückig
1 Knoblauchzehe
1 Dose Kichererbsen (240 g Abtropfgewicht)
2 EL Baharat (Gewürzmischung aus scharfem Paprikapulver, Kardamom, Koriander, Zimt, Kreuzkümmel, Nelken, Muskatnuss und schwarzem Pfeffer)
1 EL frischer Koriander
Salz & Pfeffer

1 Legen Sie den Tontopf für 30 Minuten in ein Wasserbad, damit Ihr Eintopf nicht zu trocken wird.

2 Häuten Sie Zwiebeln und Knoblauch. Schneiden Sie die Zwiebeln in grobe Stücke und hacken Sie den Knoblauch in feine Würfel. Lassen Sie die Kichererbsen abtropfen und würzen Sie das Fleisch kräftig.

3 Geben Sie nun alle Zutaten, mit Ausnahme des Korianders, in den Tontopf, schließen Sie den Deckel und stellen Sie den Topf bei 200 °C in den noch kalten Ofen. Lassen Sie alles für 100 Minuten garen. Streuen Sie den frischen Koriander vor dem Servieren über die Portionen.

Tipp: Als Beilage eignen sich Couscous, Reis oder Graupen.

Nährwerte p. P.

448 kcal, 19 g kh, 15 g Fett, 58 g Eiweiß

Rinder-Pilz-Topf

2 Port. 105 Min. Leicht

Zutaten

500 g Rindfleisch Gulasch
500 g Pilze
2 Möhren
1 große Zwiebel
1 Kopf Blumenkohl
Salz
Pfeffer
Butter
50 ml Wasser

Nährwerte p. P.

607 kcal
4 g kh
17 g Fett
68 g Eiweiß

1 Pilze putzen, in Scheiben schneiden und in den gewässerten Tontopf geben.

2 Zwiebel schälen, hacken und darübergeben. Blumenkohl in Röschen schneiden und zu den Pilzen geben. Die Möhren fein würfeln und ebenfalls hinzufügen.

3 Fleisch zugeben, mit Salz und Pfeffer würzen. Wasser aufgießen und alles vermengen.

4 Butterstückchen oben auflegen und den Deckel schließen. Topf in den Ofen stellen und bei Ober-/Unterhitze bei 220 °C ca. 1,5 Stunden garen.

Tipp: Dazu passen gut Salzkartoffeln, Nudeln oder auch Reis.

Kasseler-Weißkraut-Topf

2 Port. 90 Min. Leicht

Zutaten

4 Kasseler-Koteletts
½ kleiner Weißkrautkopf
6 große Karotten
4 mittelgroße Tomaten
2 Lorbeerblätter
2 EL Tomatenmark
Salz
Pfefferkörner
350 ml Wasser

Nährwerte p. P.

505 kcal
15 g kh
7 g Fett
85 g Eiweiß

1 Den Tontopf wässern. Das Weißkraut von den äußeren Blättern befreien, den Rest in Streifen schneiden, waschen und abtropfen.

2 Karotten schälen, Tomaten waschen und Strunk entfernen. Beides stückeln. Das Kasseler abspülen und in ca. 3 cm große Würfel schneiden. Zutaten vermengen und in den Tontopf geben.

3 Lorbeerblätter, Salz und Pfefferkörner zugeben. Wasser aufgießen, Tomatenmark unterrühren. Deckel schließen und den Topf in den Ofen stellen. Bei 200 °C für ca. 75 Minuten garen.

Gepökelte Schweinebacke

2 Port. 2 Tage Leicht

Zutaten

1 TL Pökelsalz
4 Schweinebäckchen
2 Zwiebeln
250 ml Brühe
2 Knoblauchzehen
etwas Kümmel

Nährwerte p. P.

337 kcal
11 g kh
6 g Fett
58 g Eiweiß

1 Zwiebeln schälen und in dünne Ringe schneiden. In einer Schüssel werden die Bäckchen mit einer Handvoll Zwiebeln und dem Pökelsalz vermengt. Darauf die restlichen Zwiebeln legen und den geschälten Knoblauch hinzugeben. Einen Teller zum Beschweren auf die Masse legen und insgesamt 2 Tage lang einziehen lassen. Stellen Sie die Schüssel dazu in den Kühlschrank.

2 Den Tontopf wässern und abtrocknen. Nun die Zwiebeln im Tontopf verteilen und darauf das Fleisch legen. Etwas Kümmel darüber streuen und mit 250 ml Brühe aufgießen.

3 Verschließen Sie den Tontopf und stellen Sie ihn in den Backofen. Bei 200 °C wird das Gericht etwa 30 Minuten lang gegart.

4 Stellen Sie die Temperatur auf 160 °C herunter und lassen Sie die Bäckchen für eine weitere Stunde im Ofen schmoren.

Tipp: Passend dazu sind Kartoffeln oder gemischtes Gemüse.

Gefüllte Paprika mit Hackfleisch

4 Port. 110 Min. Mittel

Zutaten

8 bis 10 Paprika
500 g Hackfleisch, gemischt
100 g Reis
1 Zwiebel
1 Knoblauchzehe
1 Ei (Größe L)
3 EL Semmelbrösel
200 g Tomatenmark
2 Tomaten
½ Bund Frühlingszwiebeln
500 ml Gemüsebrühe
1 EL Mehl
1 EL Butter
je ½ TL Salz, Pfeffer und Paprikapulver

Nährwerte p. P.

591 kcal
51 g kh
26 g Fett
37 g Eiweiß

1 Reis nach Packungsanleitung zubereiten. Waschen Sie die Paprika, schneiden Sie den oberen Teil ab und entfernen Sie die Kerne vorsichtig, sodass Sie später die Schoten wieder schließen können. Häuten Sie Knoblauch und Zwiebel und hacken Sie beides sehr fein. Der Knoblauch kann auch gepresst werden.

2 Vermengen Sie nun in einer Schüssel das Hackfleisch mit Zwiebel, Knoblauch, Ei, Semmelbröseln, Reis und Gewürzen zu einer homogenen Masse, die Sie anschließend in die Paprikaschoten füllen. Setzen Sie den oberen Teil der Paprika wieder auf die Schoten.

3 Schneiden Sie die Tomaten in Würfel und die Frühlingszwiebeln erst in ca. 3 cm lange Stücke und dann in feine Streifen. Geben Sie die Butter in einen kleinen Topf, lassen Sie diese schmelzen und rühren Sie dann das Mehl unter. Löschen Sie dies schließlich erst mit dem Tomatenmark und dann mit ausreichend Brühe ab, um den Sud in den Tontopf geben zu können. Dort geben Sie die Tomaten, Frühlingszwiebeln und die restliche Brühe hinzu.

4 Schmecken Sie die Soße mit Paprikapulver, Salz, Pfeffer und einer Prise Zucker nach Belieben ab, bevor Sie die Paprikaschoten hineingeben.

5 Stellen Sie Ihren Tontopf dann geschlossen bei 200 °C für 80 Minuten in noch kalten Backofen.

Massaman-Curry

4 Port. 170 Min. Leicht

Zutaten

- 400 g Rinderragout
- 2 Zwiebeln
- 2 Möhren
- 5 Kartoffeln (etwa 500 g)
- je 1 EL Sesamöl, Zucker und weißer Balsamicoessig
- je 2 EL Erdnussbutter und asiatische Fischsoße
- 3 EL Massaman-Curry-Paste
- 400 ml Kokosmilch
- 2 cm frischer Ingwer
- 1 Handvoll Erdnüsse
- 1 Stange Zitronengras
- ½ Bund frischer Koriander

Nährwerte p. P.

559 kcal
31 g kh
35 g Fett
27 g Eiweiß

1 Tontopf wässern. Waschen Sie das Fleisch unter fließendem Wasser ab, tupfen Sie es trocken, entfernen Sie die Sehnen und schneiden Sie es in dünne Streifen.

2 Schälen Sie die Möhren und schneiden Sie diese in maximal 1 cm dicke Scheiben. Schälen Sie ebenfalls die Kartoffeln und schneiden Sie diese in mundgerechte Stücke. Schälen Sie auch den Ingwer und reiben Sie diesen fein. Teilen Sie das Zitronengras in ca. 1 bis 2 cm lange Stücke. Häuten Sie die Zwiebeln und achteln Sie diese.

3 Geben Sie nun alle Zutaten, außer den Erdnüssen und dem Koriander, in den Topf. Achten Sie dabei darauf, dass alle flüssigen und pasten-ähnlichen Zutaten gut miteinander vermengt und mit den Gewürzen abgeschmeckt sind.

4 Geben Sie den Tontopf mit geschlossenem Deckel für 150 Minuten bei 180 °C in den Backofen. Sollten Sie Ihr Fleisch besonders klein geschnitten haben, ist es auch schon nach 120 Minuten hauchzart. Ca. 15 Minuten vor dem Ende der Garzeit geben Sie die Erdnüsse in den Topf. Schmecken Sie das Gericht vor dem Servieren noch einmal nach Ihrem Geschmack ab.

5 Hacken Sie den Koriander und bestreuen Sie damit vor dem Servieren die Portionen.

Rindfleischtopf mit Rotwein

2 Port. 60 Min. Leicht

Zutaten

500 g Rindfleisch (Lende)
250 g Champignons
1 mittlere Zwiebel
100 ml Gemüsebrühe
100 ml Rotwein
etwas Butter
1 TL mittelscharfer Senf
etwas Zitronensaft
1 EL Mehl
Salz
Pfeffer

Nährwerte p. P.

403 kcal
4 g kh
17 g Fett
54 g Eiweiß

1 Das Fleisch in dünne Scheiben schneiden. Mit Salz und Pfeffer würzen. Zwiebel schälen, in Würfel schneiden, mit wenig Butter in einer Pfanne anbraten. Fleisch und Zwiebeln in den gewässerten Tontopf geben.

2 Brühe, Rotwein, Senf, Zitronensaft und Mehl vermischen. Mischung und Pilze zum Fleisch geben.

3 Deckel schließen und Topf in den Ofen stellen. Bei 200 °C ca. 45 Minuten garen.

Würzfleisch

4 Port. 100 Min. Leicht

Zutaten

- ½ kg Rinderhack
- 1 Zwiebel
- 10 Frühlingszwiebeln mit Grün
- 1 Stange Lauch
- 2 Knoblauchzehen
- eine Prise Safran
- etwas Sojasoße
- etwas Nelkenpulver
- Pfeffer
- 200 g Joghurt
- 1 Tasse Wasser

Nährwerte p. P.

441 kcal
17 g kh
27 g Fett
30 g Eiweiß

1 Schneiden Sie die Zwiebel, die Frühlingszwiebeln und den Lauch in Ringe oder Würfel und dünsten Sie diese in einer Pfanne kurz an. Geben Sie das Hackfleisch und den Knoblauch hinzu und lassen alles etwas anschmoren.

2 In der Zwischenzeit den Tontopf wässern und abtrocknen. Geben Sie das Fleisch-Zwiebel-Gemisch in den Tontopf und streuen Sie Pfeffer darüber. Darauf verteilen Sie das Wasser und den Joghurt und würzen kräftig mit Safran, Sojasoße und Nelkenpulver..

3 Stellen Sie den geschlossenen Topf in den Backofen und heizen Sie diesen auf 200 °C auf. Das Würzfleisch für etwa 90 Minuten schmoren.

4 Nach der Garzeit nehmen Sie den Topf aus dem Ofen, das Gericht ist sofort servierfertig.

Tipp: Dazu passt Fladenbrot sehr gut. Wer es schärfer mag, kann noch etwas Chili hinzufügen.

Geschmorte Rinderippe

4 Port. 150 Min. Leicht

Zutaten

- 2 kg Rinderrippe, zerteilt (erledigt der Metzger)
- je 2 Möhren, Zwiebeln, Knoblauchzehen & Stangen Sellerie
- 1 Petersilienwurzel
- ½ Bund Petersilie
- 200 ml trockener Rotwein
- 400 ml Rinderbrühe
- 4 EL Sonnenblumenöl
- 1 EL Tomatenmark
- 1 Lorbeerblatt
- je 1 TL bunter Pfeffer & Wacholderbeeren
- Rosmarin, Salz & Pfeffer

Nährwerte p. P.

480 kcal
39 g kh
22 g Fett
32 g Eiweiß

1 Tontopf wässern. Würzen Sie die Rippen mit Salz, Pfeffer und Rosmarin. Zwiebeln und Knoblauch grob hacken. Rippenstücke ca. 10 Minuten in einer Pfanne mit etwas Öl scharf anbraten. Geben Sie die Rippchen zusammen mit Zwiebeln, Knoblauch, Brühe, Wein, Tomatenmark, Wacholder, Lorbeer und Pfefferkörnern im geschlossenen Tontopf in den noch kalten Backofen. Stellen Sie diesen auf 180 °C und lassen Sie die Rippen 1 Stunde schmoren.

2 Schälen Sie Möhren sowie Petersilienwurzel und waschen Sie den Sellerie. Schneiden Sie nun Sellerie und Möhren in Scheiben mit einer Dicke von etwa 5 mm, die Petersilienwurzel schneiden Sie in Würfel mit etwa 1 cm Kantenlänge. Die Petersilie fein hacken.

3 Nach 60 Minuten den Tontopf aus dem Ofen nehmen, die Rippen kurz beiseite legen. Füllen Sie das Gemüse in den Sud und geben Sie die Rippen wieder darauf. Stellen Sie den Tontopf geschlossen für weitere 45 Minuten in den Ofen und entfernen Sie nach dieser Zeit den Deckel, um die Rippchen etwas knuspriger zu bekommen. Warten Sie weitere 15 Minuten, dann sind die Rippchen zart und das Fleisch kann leicht vom Knochen gezupft werden. Geben Sie die frische Petersilie erst vor dem Servieren über das Gericht. Dazu passen Kartoffeln oder rustikales Brot.

Feiertagskaninchen

4 Port. 110 Min. Mittel

Zutaten

4 Kaninchenkeulen
2 Schalotten
8 Knoblauchzehen
200 g junge Möhren
300 g junge, kleine Kartoffeln
4 kleine weiße Zwiebeln
1 Zweig Rosmarin
2 EL Tomatenmark
150 ml Weißwein, trocken
750 ml Kalbsfond
2 EL Butterschmalz
Salz und Pfeffer
etwas frische Petersilie

Nährwerte p. P.

832 kcal
40 g kh
34 g Fett
84 g Eiweiß

1 Tontopf wässern. Häuten und hacken Sie die Schalotten und den Knoblauch.

2 Braten Sie die Keulen im Butterschmalz von allen Seiten gründlich in einer Pfanne an und geben Sie die Schalotten, den Knoblauch und das Tomatenmark hinzu. Löschen Sie alles mit dem Weißwein ab.

3 Geben Sie nun den Fond und die Keulen in den Tontopf, legen Sie den Rosmarin hinzu, würzen Sie mit Salz und Pfeffer und stellen Sie den Tontopf auf die unterste Schiene Ihres noch kalten Backofens. Der Ofen sollte nun auf 200 °C für 45 Minuten den geschlossenen Tontopf beheizen.

4 In der Zwischenzeit schälen Sie die Möhren. Schneiden Sie die Möhren in etwa 2 cm lange Stücke. Schälen Sie ebenfalls die Kartoffeln und schneiden Sie diese in mundgerechte Stücke. Häuten Sie auch die weißen Zwiebeln und halbieren Sie diese.

5 Geben Sie nach den ersten 45 Minuten das Gemüse in den Tontopf, schließen Sie erneut den Deckel und geben Sie dem Gericht weitere 45 Minuten bei 200 °C.

6 Entfernen Sie vor dem Servieren die Rosmarinzweige und geben Sie etwas frische Petersilie auf die Portionen.

Kaninchen franz. Art

4 Port. 170 Min. Mittel

Zutaten

1 ganzes Kaninchen
500 g Hackfleisch
4 Scheiben Speck
1 Ei
1 Zwiebel
1 Brötchen, vom Vortag
2 Bund Suppengrün
500 ml Rotwein
1 EL Senf
Instant-Bratensoße
1 Becher saure Sahne
Salz
Pfeffer
Knoblauchpulver
Rosmarin

Nährwerte p. P.

1135 kcal
18 g kh
44 g Fett
137 g Eiweiß

1 Waschen Sie das Kaninchen gründlich von innen und außen und tupfen Sie es dann trocken. Danach wird es mit Salz, Knoblauch, Rosmarin und Pfeffer gewürzt.

2 Zu dem Hackfleisch werden gehackte Zwiebel, Brötchen und Ei gegeben und gut verknetet. Würzen Sie das Hackfleisch mit Senf und Gewürzen. Die Masse wird nun in das Kaninchen gestopft und das Kaninchen mit Garn oder Zahnstochern verschlossen. Das Kaninchen wird in den gewässerten Tontopf gelegt und mit Speck abgedeckt. Deckel schließen und in den kalten Backofen stellen.

3 Bei 200 °C wird das Kaninchen für 45 Minuten gegart. Nebenbei wird in einem separaten Topf das kleingeschnittene Suppengrün mit Rotwein kurz aufgekocht und anschließend die Sahne hinzugegeben. Geben Sie den Inhalt des Topfes zum Kaninchen und lassen Sie es bei geschlossenem Deckel für weitere 80 Minuten schmoren.

4 Zum Schluss wird das Kaninchen noch eine halbe Stunde lang ohne Deckel knusprig gebacken. Die Soße wird nach Ende der Garzeit in einen Topf überführt und püriert. Schmecken Sie mit Gewürzen und Bratensoße noch einmal ab.

Tipp: Dazu passen Klöße und Rotkraut sehr gut.

Kaninchen landfrauenart

4 Port. 90 Min. Leicht

Zutaten

- 1 Kaninchen, bestenfalls zerlegt
- 2 Zwiebeln
- 1 Dose Champignons
- 1 Knollensellerie
- 1 Paprikaschote
- 2 Möhren
- 2 Knoblauchzehen
- 4 Tomaten
- 200 ml Weißwein
- 1 EL Rosmarin, Nadeln
- Pfeffer
- Salz

Nährwerte p. P.

690 kcal
14 g kh
16 g Fett
110 g Eiweiß

1 Zuerst wird das Kaninchen gründlich abgespült und trocken getupft. Die einzelnen Teile werden im gewässerten Tontopf ausgelegt.

2 Das Gemüse wird gründlich gewaschen und anschließend in mundgerechte Stücke geschnitten. Die Gemüsestücke werden um die Kaninchenteile herum gelegt. Anschließend wird alles mit Weißwein aufgegossen. Würzen Sie alles gut mit Salz und Pfeffer und streuen Sie zum Schluss die Rosmarinnadeln darüber.

3 Der Tontopf wird verschlossen und in den Backofen gestellt. Die Temperatur auf 230 °C einstellen und etwa 25 Minuten lang schmoren lassen.

4 Wenden Sie nun die Kaninchenteile und stellen Sie die Temperatur auf 180 °C herunter. Bei dieser Temperatur verbleibt der Topf für weitere 50 Minuten im Backofen.

5 Nehmen Sie den Tontopf nach Ende der Garzeit aus dem Ofen. Wenn Sie mögen, können Sie die entstandene Soße in einen Topf überführen und alles fein pürieren.

Tipp: Dazu passen Kartoffelbrei oder Kartoffeln.

Tafelspitz

4 Port. | 1 Tag | Mittel

Zutaten

1 kg Tafelspitz
2 Lorbeerblätter
3 Zwiebeln
Rosmarin und Thymian, je 2 Zweige
1 EL Pfefferkörner
1 TL Pimentkörner
½ l Rotwein
3 Möhren
3 Stangen Sellerie
Salz
Pfeffer

Nährwerte p. P.

415 kcal, 14 g kh, 9 g Fett, 50 g Eiweiß

1 In einer Schüssel wird der Tafelspitz eingelegt. Dazu eine Zwiebel grob würfeln und mit Rosmarin, Thymian, Pfefferkörnern, Pimentkörnern und Lorbeer zu dem Fleisch geben. Nun alles mit dem Rotwein übergießen und abdecken. So sollte das Fleisch etwa 1 Tag im Kühlschrank verbleiben.

2 Das Fleisch aus der Marinade nehmen und die Marinade in einem kleinen Topf kurz aufkochen lassen. Den Braten in einer Pfanne von allen Seiten scharf anbraten. Möhren, die restlichen Zwiebeln und den Sellerie in mundgerechte Stücke schneiden. Das Fleisch in den Tontopf legen. Das Gemüse um den Braten herum verteilen und mit der Marinade aufgießen. Nach Belieben kann diese vorher durch ein Sieb gegossen werden. Mit Salz und Pfeffer würzen. Verschließen Sie den Topf und stellen Sie ihn in den Backofen. Dieser wird auf 130 °C gestellt. Den Braten für 4 Stunden bei dieser Temperatur schmoren.

3 Entfernen Sie das Fleisch und stellen Sie dieses warm. Für die Soße den Sud mit einem Teil des Gemüses pürieren.

Bierfleisch

4 Port. 135 Min. Leicht

Zutaten

1 kg Rinderzunge in Stücken
etwas Öl
400 g Zwiebeln
2 EL Mehl
50 g Tomatenmark
1 Flasche Bier
Pfeffer
Salz
125 ml Brühe
etwas Rosmarin

Nährwerte p. P.

483 kcal
16 g kh
23 g Fett
44 g Eiweiß

1 Wässern Sie den Tontopf und trocknen Sie ihn ab. Schneiden Sie die Zwiebeln in kleine Stücke und dünsten Sie diese dann in etwas Öl kurz an. Danach bemehlen Sie die Rinderzunge und braten auch diese kurz in heißem Öl an. Mit Salz und Pfeffer würzen.

2 Im Tontopf wird das angebratene Fleisch mit den Zwiebeln, dem Rosmarin und dem Tomatenmark vermengt. Füllen Sie den Topf nun mit Brühe und Bier auf.

3 Verschließen Sie den Deckel und stellen Sie den Tontopf in den kalten Backofen. Stellen Sie die Temperatur auf 220 °C ein.

4 Das Bierfleisch für 2 Stunden im Ofen schmoren. Nach der Garzeit können Sie den Sud mit etwas Mehl andicken und als Soße servieren.

Tipp: Dazu schmecken Knödel und Krautsalat.

Wild

Wildgulasch

4 Port. 2 Tage Leicht

Zutaten

- 1 kg Wildgulasch
- 2 Zwiebeln
- 1 Lorbeerblatt
- 2 Nelken
- 1 TL Wacholderbeeren
- ¼ l Rotwein
- 4 EL Rotweinessig
- 100 g Butterschmalz
- etwas Tomatenmark
- 350 g Champignons
- 1 Paprika
- 150 g saure Sahne
- 250 ml Fleischbrühe
- Salz
- Pfeffer
- Kräuter n.B.

Nährwerte p. P.

889 kcal
10 g kh
62 g Fett
55 g Eiweiß

1 Zuerst bereiten Sie die Marinade vor. Dafür schneiden Sie eine der Zwiebeln in kleine Stücke und geben diese zusammen mit dem Fleisch, den Nelken, dem Lorbeer und den Wacholderbeeren in eine gerade so ausreichende Schüssel. Gießen Sie darüber den Rotwein und den Essig. Lassen Sie das Gefäß nun zugedeckt für 2 Tage im Kühlschrank stehen.

2 Tontopf wässern und Fleisch abgießen. Die Marinade durch ein Sieb geben und beiseitestellen. Würfeln Sie die andere Zwiebel und braten Sie diese zusammen mit dem Fleisch im Butterschmalz an. Mit Salz und Pfeffer würzen. Mit etwas Marinade ablöschen und in den Tontopf geben. Tomatenmark, Pfeffer und Fleischbrühe mischen und in den Topf geben.

3 Verschließen Sie den Deckel und stellen Sie den Topf in den kalten Backofen. Erhitzen Sie den Ofen auf 225 °C und lassen Sie das Gulasch für 70 Minuten darin schmoren.

4 Währenddessen schneiden Sie die Champignons und Paprika in feine Scheiben bzw. Stücke und geben diese zusammen mit der sauren Sahne für weitere 20 Minuten mit in den Tontopf.

5 Nehmen Sie den Topf aus dem Ofen und schmecken Sie mit Kräutern, Marinade und Rotwein ab, bevor Sie das Gulasch servieren.

Tipp: Gulasch schmeckt mit Knödeln oder Nudeln sehr gut.

Wildschwein-Rollbraten

5 Port. 110 Min. Leicht

Zutaten

1,5 kg Wildschwein
100 g Senf
8 Wacholderbeeren
10 Pimentkörner
etwas Koriander
ein paar Pfefferkörner
etwas Kümmel
2 Knoblauchzehen
1 Handvoll Steinpilze
Butter
1 Zwiebel
3 Lorbeerblätter
100 ml Rotwein
Salz & Pfeffer

Nährwerte p. P.

740 kcal
2 g kh
64 g Fett
29 g Eiweiß

1 Die Steinpilze fein hacken. Die Gewürze Piment, Pfeffer, Koriander, Kümmel und Wacholderbeeren fein zerstoßen, vermengen und mit den Steinpilzen und dem Senf zu einer Paste zusammenmischen. Den Großteil der Paste auf dem Fleisch verteilen und einrollen. Zum besseren Halt alles mit Garn einbinden.

2 Den gewässerten Tontopf mit Butter bestreichen. Der Braten wird in einer Pfanne von allen Seiten gut angebraten und anschließend in den Tontopf gelegt.

3 Nun Zwiebel und Knoblauch fein hacken und in der Pfanne ebenfalls anbraten, dann mit Rotwein ablöschen, den Rest der Paste hinzufügen und mit Lorbeer, Salz und Pfeffer würzen. Lassen Sie die Soße kurz aufkochen und gießen Sie diese dann über den Braten.

4 Im geschlossenen Tontopf wird der Rollbraten bei 250 °C 90 Minuten lang geschmort.

5 Nach Beenden der Garzeit können Sie nach Wunsch die Soße noch einmal in der Pfanne aufkochen lassen und mit etwas Mehl andicken.

Hirschbraten

4 Port. 80 Min. Leicht

Zutaten

- ¾ kg Hirschbraten
- Speck, z. B. Frühstücks-Bacon
- Salz
- Pfeffer
- Koriander
- Rotwein

Nährwerte p. P.

346 kcal
2 g kh
15 g Fett
36 g Eiweiß

1 Während der Tontopf wässert, den Braten kräftig mit Pfeffer, Salz und Koriander einreiben, bis er von allen Seiten gut bedeckt ist.

2 Legen Sie den Braten in den abgetrockneten Topf und geben Sie darüber eine Schicht aus Speck. Der Braten sollte damit ganz bedeckt sein.

3 Fügen Sie den Rotwein hinzu, etwa so viel, dass der Braten zu einem Drittel im Rotwein liegt.

4 Der Braten wird im geschlossenen Tontopf bei 200 °C etwa 1 Stunde lang geschmort.

5 Wer es knusprig mag, nimmt den Deckel des Topfes ab und lässt den Speck so für weitere 10 Minuten knusprig grillen.

Tipp: Dazu passen Kartoffelknödel mit Rotkraut.

Rehrücken in Kirschsoße

4 Port. 80 Min. Leicht

Zutaten

- 1 kg Rehrücken
- 200 g Frühstücks Bacon
- 1 große Tasse Sauerkirschen
- ¼ l Sauerkirschsaft
- Rosmarin
- Pfeffer
- Salz
- etwas Mehl

Nährwerte p. P.

266 kcal
10 g kh
18 g Fett
14 g Eiweiß

1 Der bereits gewässerte Tontopf wird mit der Hälfte des Frühstücks-Bacons ausgelegt. Den Rehrücken mit Salz, Pfeffer und Rosmarin einreiben und dann auf den Bacon legen. Auf den Rehrücken werden die restlichen Bacon-Scheiben gelegt.

2 Um den Braten herum verteilen Sie die Kirschen, achten Sie darauf, dass diese entsteint sind. Gießen Sie dazu den Kirschsaft.

3 Im geschlossenen Tontopf wird der Braten nun bei 220 °C für 75 Minuten geschmort.

4 Nehmen Sie den Topf aus dem Ofen, entnehmen Sie den Braten und den Bacon und stellen Sie beides warm. Die Flüssigkeit wird durch ein Sieb in einen kleinen Topf gegeben und zum Kochen gebracht.

5 Mit etwas Mehl können Sie die Soße andicken. Schmecken Sie noch einmal kräftig ab, bevor Sie den Rehrücken in Scheiben geschnitten mit der Soße servieren.

Tipp: Besonders gut passen dazu Spätzle.

Rehragout mit Weintrauben

3 Port. 90 Min. Leicht

Zutaten

800 g schieres Rehfleisch
200 g Schalotten
1 TL Koriander, gemahlen
etwas Salz
etwas Pfeffer
2 Lorbeerblätter
125 ml Traubensaft, rot
350 g Weintrauben, grün
etwas Zitronensaft

Nährwerte p. P.

406 kcal
34 g kh
4 g Fett
57 g Eiweiß

1 Putzen Sie zunächst das Rehfleisch und schneiden Sie es der Länge nach in etwas breitere, danach quer in dünnere Scheiben. Ziehen Sie die Schalotten ab und schneiden Sie sie in feine Ringe. Schalottenringe, Salz, Pfeffer, Koriander und Fleischwürfel mit den Lorbeerblättern in den gewässerten Tontopf legen.

2 Gießen Sie den Traubensaft darüber und verschließen Sie den Topf. Schieben Sie ihn in den kalten Ofen und garen Sie alles etwa 75 Minuten bei 220 °C. Zwischenzeitlich die Trauben teilen und nach 60 Minuten Garzeit mit in den Tontopf geben.

3 Schmecken Sie zuletzt alles mit Salz, Pfeffer und Zitronensaft ab.

Gamskeule

3 Port. 130 Min. Leicht

Zutaten

- 1 kg Sauerkraut
- 800 g Gamskeulen
- 100 ml Weißwein
- 1 TL Pfeffer, gemahlen
- 2 TL Kreuzkümmel, gemahlen

Nährwerte p. P.

230 kcal
1 g kh
6 g Fett
38 g Eiweiß

1 Den Tontopf gut wässern und abtrocknen.

2 Mischen Sie das Sauerkraut mit Pfeffer, Kreuzkümmel und dem Weißwein. Bedecken Sie mit dem Großteil davon den Boden des Tontopfes.

3 Die Gamskeulen legen Sie auf das Kraut und bedecken es mit dem restlichen Sauerkraut.

4 Die Keulen sollten fast komplett in Flüssigkeit liegen, geben Sie lieber etwas mehr Weißwein hinzu.

5 Der geschlossene Topf wird im Backofen auf 200 °C erhitzt und dort für 2 Stunden zum Schmoren belassen.

6 Nach der Garzeit nehmen Sie den Topf aus dem Ofen und schmecken noch einmal mit den Gewürzen ab.

Tipp: Dazu passen Salzkartoffeln. Das Sauerkraut kann fertig gekauft oder besser noch selbst hergestellt sein.

Rehrippe

4 Port. 130 Min. Leicht

Zutaten

- 4 Rehrippen
- 1 kg Sauerkraut
- 10 Wacholderbeeren
- 2 große Zwiebeln
- etwas Paprikapulver
- 1 großer Apfel

Nährwerte p. P.

398 kcal
11 g kh
19 g Fett
42 g Eiweiß

1 Die Zwiebeln schälen und in feine Ringe schneiden. Den Apfel ebenfalls in dünne Streifen oder kleine Würfel schneiden.

2 In einer Schüssel wird das Sauerkraut mit Zwiebel, Apfel und Paprikapulver vermengt. Geben Sie nun noch die Wacholderbeeren hinzu und legen Sie in Ihrem gewässerten Tontopf den Boden mit dem gewürzten Sauerkraut aus.

3 Die Rehrippen gründlich waschen, trocken tupfen und auf dem Sauerkraut verteilen.

4 Im geschlossenen Tontopf wird nun alles bei 190 °C für zwei Stunden geschmort. Mögen Sie es etwas knuspriger, können Sie für die letzten 10 Minuten den Deckel entfernen, so werden die Rippen noch etwas gegrillt.

5 Nach der Garzeit nehmen Sie den Topf aus dem Ofen. Die Knochen sollten sich nun leicht vom Fleisch lösen lassen.

Tipp: Sehr gut passen dazu Klöße oder Kartoffeln.

Wildschweinrücken

4 Port. 80 Min. Leicht

Zutaten

1,2 kg Wildschwein
150 ml Rotwein
3 TL Senf
1 TL Wildgewürz
etwas Thymian
8 Wacholderbeeren
4 Lorbeerblätter
1 Zwiebel
1 Möhre
etwas Sahne
etwas Mehl

Nährwerte p. P.

584 kcal
6 g kh
31 g Fett
61 g Eiweiß

1 Zwiebel und Möhre in grobe Stücke schneiden. Den Rotwein mit Senf, Wildgewürz, Thymian, Wacholderbeeren und Lorbeerblättern zu einer Marinade verrühren.

2 Das Wildschweinstück wird in den bereits gewässerten Tontopf gelegt und anschließend mit der Marinade übergossen.

3 Schließen Sie den Deckel und stellen Sie den Topf in den kalten Backofen. Bei 190 °C den Wildschweinrücken für eine Stunde garen.

4 Nach der Garzeit das Fleisch entnehmen und warmstellen. Die Soße durch ein Sieb in einem kleinen Topf auffangen.

5 Geben Sie zur Soße noch einen kleinen Schuss Sahne hinzu, schmecken Sie mit Gewürzen ab und dicken Sie die Soße nach Belieben mit etwas Mehl an.

Tipp: Dazu passt gegartes Gemüse, Rosenkohl oder Rotkohl.

Hirschgulasch

3 Port. 130 Min. Leicht

Zutaten

- ½ kg Hirsch oder Reh in Stücken
- 2 Zwiebeln
- 2 TL Wildgewürz
- 1 Paprika
- Pfeffer
- Salz
- 1 Becher Wildfond (etwa 250 ml)
- 100 ml Rotwein
- 2 TL Speisestärke
- 2 EL Marmelade

Nährwerte p. P.

379 kcal, 13 g kh,
16 g Fett, 37 g Eiweiß

1 Den Tontopf wässern. Schneiden Sie die Zwiebeln in feine Ringe oder Würfel und die Paprika in Stücke. Braten Sie beides zusammen mit dem Gulasch an.

2 Geben Sie die Wildgewürzmischung sowie Salz und Pfeffer hinzu und löschen Sie alles mit dem Rotwein ab. So wird der Bratensatz vom Pfannenboden gelöst.

3 Geben Sie nun das angebratene Gulasch in den Tontopf und füllen Sie diesen mit dem Wildfond auf. Das Fleisch sollte gut bedeckt sein.

4 Schließen Sie den Deckel und stellen Sie den Topf in den Backofen. Bei 180 °C sollte das Gulasch nun 2 Stunden lang schmoren.

5 Nach Ende der Garzeit nehmen Sie den Topf aus dem Ofen und schmecken mit Marmelade und Gewürzen ab. Um die Soße anzudicken, können Sie etwas Speisestärke unterrühren.

Gänsekeule

2 Port. 225 Min. Leicht

Zutaten

3 Gänsekeulen
2 Äpfel
2 Zwiebeln
½ TL Majoran
½ TL Thymian
etwas Salz
etwas Pfeffer

Nährwerte p. P.

501 kcal
7 g kh
42 g Fett
24 g Eiweiß

1 Wässere zunächst wie gewohnt den Tontopf. Äpfel vierteln und mit den ebenfalls geviertelten Zwiebeln in den Tontopf legen. Bestreuen Sie beides mit Thymian und Majoran, bevor Sie die gesalzenen und gepfefferten Gänsekeulen darauf legen.

2 Tontopf in den kalten Backofen schieben und ca. 3 ½ Std. bei 100 °C garen. Während der letzten 15 Minuten ohne Deckel weitergaren.

3 Nehmen Sie die Gänsekeulen aus dem Topf und stellen Sie sie warm. Zwiebel- und Apfelstücke ebenfalls herausnehmen, mit etwas Gänsefett in einen Topf geben und pürieren.

4 Das Püree kurz aufkochen und evtl. einen Soßenbinder verwenden, um die gewünschte Konsistenz zu erhalten. Beides zusammen servieren.

Tipp: Als Beilage eignen sich Apfelrotkohl und Klöße.

Hirschrollbraten

4 Port. 110 Min. Leicht

Zutaten

- 500 g Hirschfleisch am Stück
- 2 Möhren
- 2 Zwiebeln
- 1 Lauchstange
- 50 g Sellerie
- 1 Fenchelknolle
- 3 Knoblauchzehen
- ½ l Rotwein
- 100 g Preiselbeeren aus dem Glas
- Majoran, Thymian, Rosmarin
- Paprikapulver
- Currypulver
- Pfeffer und Salz
- Rauchsalz
- 2 Lorbeerblätter
- 1 Bund Petersilie
- 200 ml Sahne
- etwas Öl

Nährwerte p. P.

408 kcal, 9 g kh,
17 g Fett, 28 g Eiweiß

1 Den Tontopf wässern. Das Gemüse wird geputzt und in kleine Würfel geschnitten. Zwiebeln, Petersilie und Knoblauch sehr fein hacken.

2 Den Hirschbraten rundherum mit Pfeffer und Salz einreiben und anschließend in heißem Öl kurz von allen Seiten anbraten. Das angebratene Stück Fleisch mit Curry, Rauchsalz und Paprikapulver einreiben und einrollen.

3 Im abgetrockneten Tontopf wird etwas Olivenöl verteilt, darauf wird der Rollbraten gelegt. Das geschnittene Gemüse wird gleichmäßig um den Braten herum verteilt. Übergießen Sie alles mit Rotwein und Sahne und würzen Sie mit Majoran, Thymian und Rosmarin. Geben Sie Preiselbeeren und Lorbeer hinzu und verschließen Sie den Topf.

4 Im Backofen wir der Rollbraten bei 200 °C für 90 Minuten geschmort. Nehmen Sie etwa 15 Minuten vor Garzeitende den Deckel ab, so erhält der Braten eine knusprige Oberfläche.

5 Nehmen Sie den Topf aus dem Ofen und stellen Sie den Braten warm. Je nach Belieben können Sie den Rest pürieren oder die Soße durch ein Sieb geben und ohne das Gemüse andicken.

6 Schmecken Sie vor dem Servieren noch einmal mit Salz und Pfeffer ab.

Rotkohlauflauf mit Rehhackfleisch

Zutaten

- 1 kg Rotkohl
- ½ kg Rehhackfleisch
- 3 Zwiebeln
- 15 g Wildgewürz
- 1 Becher Schmand
- 250 ml Rotwein
- 1 Ei

Nährwerte p. P.

428 kcal
21 g kh
16 g Fett
34 g Eiweiß

1 Den Rotkohl in feine Streifen schneiden, die Zwiebeln schälen und in Ringe schneiden.

2 In einer Schüssel das Hackfleisch mit dem Wildgewürz, dem Ei und dem Schmand vermengen.

3 Im gewässerten Tontopf wird der Boden mit etwa der Hälfte des Rotkohls und der Zwiebeln bedeckt. Das Hack wird darauf verteilt und gut festgedrückt. Darüber kommt der Rest des Rotkohls und der Zwiebeln. Achten Sie darauf, dass das Hackfleisch komplett bedeckt ist.

4 Zum Schluss wird alles mit dem Rotwein aufgegossen und der Deckel geschlossen.

5 Stellen Sie den Topf in den kalten Backofen, erhitzen Sie diesen auf 180 °C und lassen Sie den Auflauf für 90 Minuten schmoren.

Hasenrücken

2 Port. 120 Min. Leicht

Zutaten

- ½ kg Hasenrücken
- 250 ml Johannisbeersaft
- 50 ml Kirschsaft
- 1 TL Wacholderbeeren
- 1 TL Rosmarinnadeln
- 100 ml Sherry
- Salz
- Pfeffer
- etwas Honig
- ein Stück Speck
- zerlassene Butter

Nährwerte p. P.

481 kcal
14 g kh
14 g Fett
72 g Eiweiß

1 Das Fleisch wird gewaschen, trocken getupft und anschließend mit Speck gespickt. In einer Schüssel werden Sherry, Saft, Wacholderbeeren und Rosmarin verrührt und darin das Fleisch eingelegt. Abgedeckt wird das Fleisch so über Nacht mariniert.

2 Nehmen Sie das Fleisch aus der Marinade und trocknen Sie es ab. Stellen Sie die Marinade beiseite. Legen Sie das Fleisch in eine Schüssel und bestreichen Sie es mit Honig. Würzen Sie kräftig mit Salz und Pfeffer und geben Sie dann die zerlassene Butter darüber. So sollte das Fleisch für eine weitere Stunde marinieren.

3 In den gewässerten Tontopf werden nun 100 ml der ersten Marinade eingefüllt und das Fleisch zugegeben. Stellen Sie den geschlossenen Tontopf in den Backofen und erhitzen Sie diesen auf 180 °C.

4 Nach etwa 45 Minuten können Sie das Fleisch entnehmen und in Alufolie gewickelt warm stellen. Den Bratensaft geben Sie in einen kleinen Topf und lassen ihn noch einmal aufkochen. Geben Sie bei Bedarf noch etwas Marinade hinzu und dicken Sie die Soße etwas an.

Tipp: Dazu schmecken Bandnudeln. Heben Sie die Marinade auf, um die wenige Soße etwas zu strecken.

Feine Entenbrust

4 Port. 140 Min. Leicht

Zutaten

- 2 Entenbrüste
- 1 Zwiebel
- 2 Möhren, groß
- 4 Kartoffeln
- ½ Sellerie
- 3 Knoblauchzehen
- ½ Bund Petersilie
- 6 Blätter Salbei
- 1 Zweig Rosmarin
- 1 Zweig Thymian
- 1 Lorbeerblatt
- ½ Tasse Weißwein
- 1 Tasse Hühnerbrühe
- etwas Salz
- etwas Pfeffer
- 1 EL Tomatenmark
- etwas Sahne

Nährwerte p. P.

388 kcal
3 g kh
9 g Fett
76 g Eiweiß

1 Tontopf wässern. Schälen Sie Zwiebel, Möhren und Kartoffeln, putzen Sie den Sellerie, schälen Sie den Knoblauch und schneiden Sie alles in gröbere Stücke. Geben Sie alle Zutaten (von Zwiebel bis Hühnerbrühe) in den Tontopf. Salzen und pfeffern Sie die Entenbrust und legen Sie sie oben auf das Gemüse.

2 Schieben Sie den Tontopf in den kalten Backofen. Anschließend auf 200 °C Ober-/Unterhitze aufheizen. Nach 120 Minuten das Gemüse und die Soße aus dem Topf entnehmen. Die Entenbrust wieder in den Tontopf legen und ohne Deckel im ausgeschalteten Ofen weitergaren.

3 Pürieren Sie Gemüse und Soße und lassen Sie die Flüssigkeit durch ein Sieb laufen. Tomatenmark hinzugeben, aufkochen, mit Salz und Pfeffer abschmecken und etwas Sahne dazugeben.

4 Auf Tellern anrichten und servieren.

Als Beilagen passen gut Reis, Kartoffelgratin, Bandnudeln oder Knödel.

Entenkeule

4 Port. 170 Min. Leicht

Zutaten

- 4 Entenkeulen, küchenfertig präpariert
- 3 Äpfel
- 4 Möhren
- 100 g Knollensellerie
- 1 Zwiebel
- 1 Knoblauchzehe
- 80 g Trockenpflaumen
- 100 ml Rotwein, trocken
- 150 ml Gemüsebrühe
- je 1 EL Majoran und Thymian
- 3 Lorbeerblätter
- 1 Sternanis
- 2 EL Stärke
- 2 EL Butterschmalz
- etwas frische Petersilie
- Paprikapulver
- Salz & Pfeffer

Nährwerte p. P.

711 kcal
23 g kh
47 g Fett
46 g Eiweiß

1 Geben Sie den Tontopf für 30 Minuten in ein Wasserbad, damit die Entenkeulen besonders saftig werden.

2 Schälen Sie Möhren, Sellerie, Zwiebel und Äpfel. Entfernen Sie Kerngehäuse, Wurzeln und Strunk. Schneiden Sie alles, auch die Pflaumen, in kleine Würfel von etwa 5 mm Kantenlänge.

3 Waschen Sie die Entenkeulen, tupfen Sie diese trocken und reiben Sie diese mit Salz, Pfeffer und Paprikapulver ausreichend ein.

4 Geben Sie alle Zutaten, bis auf Stärke und Petersilie, in den Tontopf, wobei Sie die Entenkeulen am Ende nach ganz oben legen. Schließen Sie den Tontopf und stellen Sie ihn bei 200 °C in den noch kalten Backofen. Nach einer Stunde entfernen Sie den Deckel und lassen alles für eine weitere Stunde offen garen, damit die Ente schön knusprig wird. Übergießen Sie die Keulen dabei gelegentlich mit etwas Sud.

5 Bevor Sie servieren, können Sie die Soße mit der Stärke etwas abbinden. Servieren Sie das Gericht mit frischer Petersilie.

Tipp: Als Beilage eignen sich Kartoffeln oder Knödel und Rotkohl.

Shanghai-Ente

4 Port. 130 Min. Leicht

Zutaten

1 ganze Ente
1 Daumengroßes Stück Ingwer
1 Bund Frühlingszwiebeln
3 EL Sojasoße
150 ml Hühnerbrühe
2 TL Zucker
4 EL Reiswein
etwas Sternanis, gemahlen

Nährwerte p. P.

969 kcal
7 g kh
69 g Fett
73 g Eiweiß

1 Die Frühlingszwiebeln werden in feine Ringe geschnitten, der Ingwer wird fein gerieben. Legen Sie damit den Boden des Tontopfes aus.

2 Waschen Sie die Ente gründlich, auch von innen, unter fließendem Wasser und tupfen Sie sie trocken. Die gewaschene Ente legen Sie nun in den Tontopf.

3 Für die Soße vermischen Sie die Hühnerbrühe mit Zucker, Anis, Sojasoße und Reiswein. Gießen Sie die Soße über die Ente.

4 Verschließen Sie den Topf und stellen Sie ihn in den kalten Backofen. Die Temperatur wird auf 230 °C gestellt und alles wird 90 Minuten lang geschmort.

5 Nehmen Sie nach Ende der Garzeit den Topf aus dem Ofen. Die Ente lassen Sie kurz abtropfen, dann legen Sie sie zurück in den Ofen, am besten auf ein Rost. So kann die Ente für weitere 30 Minuten schön knusprig braten. Stellen Sie ein großes hitzefestes Gefäß unter die Ente, so kann austretender Bratensaft aufgefangen werden.

Wildente

8 Port. 160 Min. Mittel

Zutaten

200 g Hackfleisch
250 g Frühstücks Bacon
2 ganze Wildenten
250 ml Gemüsebrühe
1 Bund Suppengrün
1 große Zwiebel
etwas Rotwein
Salz & Pfeffer

Nährwerte p. P.

701 kcal
4 g kh
51 g Fett
52 g Eiweiß

1 Waschen Sie die Wildenten unter fließendem Wasser gründlich ab, auch von innen, und tupfen Sie sie dann trocken. Mit Pfeffer und Salz werden die Enten nun kräftig von innen und außen gewürzt. Befüllen Sie die Enten mit dem Hackfleisch und verschließen Sie die Öffnungen mit Zahnstochern.

2 Der Tontopf wird mit der Hälfte des Frühstücks-Bacons ausgelegt, sodass der gesamte Boden bedeckt ist. Dann legen Sie die Enten darauf und bedecken diese mit dem restlichen Bacon.

3 Das Suppengrün wird geputzt und in mundgerechte Stücke geschnitten, die Zwiebel wird fein gewürfelt. Das geschnittene Gemüse wird um die Enten herum verteilt und schließlich alles mit Brühe und einem Schuss Rotwein aufgefüllt.

4 Verschließen Sie den Deckel und stellen Sie den Tontopf in den Backofen. Dieser wird auf 220 °C erhitzt. Je nach Größe der Enten benötigen sie eine Garzeit von 90-120 Minuten.

5 Für eine knusprige Haut nehmen Sie den Deckel ab und lassen die Enten für weitere 15 Minuten bräunen.

Weihnachtsente

8 Port. 140 Min. Mittel

Zutaten

- 2 kg Ente
- 250 g Leber, Schwein oder Rind
- 1 Zwiebel
- 1 saurer Apfel
- Saft einer Zitrone
- 250 ml Sahne
- 1 Prise Zucker
- 1 TL Senf
- Pfeffer
- Salz
- Majoran
- 2 EL Semmelbrösel
- 1 Ei
- etwas Muskat

Nährwerte p. P.

736 kcal
6 g kh
53 g Fett
53 g Eiweiß

1 Schneiden Sie die Leber in sehr kleine Stücke. Die Zwiebel wird geschält und sehr fein gehackt, der Apfel wird ebenfalls kleingehackt. Mischen Sie diese Zutaten in einer Schüssel mit Ei, Salz, Pfeffer, Majoran und etwas Muskat zusammen. Geben Sie solange Semmelbrösel hinzu, bis die entstandene Masse zusammenhält.

2 Die Ente wird gründlich von innen und außen gewaschen und trockengetupft. Füllen Sie nun die Leber in die Ente und verschließen Sie die Öffnung mit Zahnstochern. Legen Sie die Ente in den gewässerten Tontopf.

3 Den geschlossenen Topf im Backofen auf 220 °C erhitzen und die Ente 2 Stunden lang garen lassen.

4 Nach der Garzeit wird der ausgetretene Bratensaft in einen kleinen Topf überführt und erhitzt. Geben Sie nun unter ständigem Rühren Zitronensaft, Senf, Zucker und Sahne hinzu und schmecken Sie die Soße mit Salz und Pfeffer ab.

Tipp: Lassen Sie die Soße nicht aufkochen. Die Soße sollte schnell verzehrt werden und nicht zu lange stehen.

Geflügel

Brathähnchen

4 Port. 105 Min. Leicht

Zutaten

1 ganzes Brathähnchen
etwas Öl
1 TL Salz
1 TL Paprikapulver
1 TL Pfeffer
etwas Zitronensaft
3 große Zwiebeln

Nährwerte p. P.

671 kcal
9 g kh
31 g Fett
86 g Eiweiß

1 Hähnchen gründlich waschen (auch innen) und trocken tupfen. Für die Marinade werden die Gewürze mit Öl und Zitronensaft verrührt. Nun das ganze Hähnchen mit der Marinade bestreichen, heben Sie für später etwas von der Marinade auf.

2 Während die Marinade einzieht, schälen Sie die Zwiebeln und schneiden diese in feine Ringe oder Würfel. Verteilen Sie die Zwiebeln auf dem Boden des Tontopfes und legen Sie das Hähnchen darauf.

3 Schließen Sie den Deckel und stellen Sie den Tontopf in den kalten Backofen. Stellen Sie die Temperatur auf 180 °C ein und lassen Sie das Hähnchen etwa 70 Minuten lang schmoren.

4 Nach dieser Zeit entfernen Sie den Deckel und bepinseln das Hähnchen mit der restlichen Marinade. So wird das Hähnchen für weitere 15 Minuten gebacken.

5 Nehmen Sie nun den Tontopf aus dem Backofen. Das Hähnchen ist servierfertig.

Tipp: Reichen Sie dazu Salzkartoffeln und Rotkraut.

Herbst-Hähnchen

2 Port. 120 Min. Leicht

Zutaten

1 Hähnchen, küchenfertig
150 g Möhren
500 g Kartoffeln
1 Stange Porree, klein
1 rote und 1 gelbe Paprika
½ Kopf Blumenkohl
4 Stiele Oregano
2 EL Öl
1 EL Paprikapulver, edelsüß
etwas Salz
etwas Pfeffer
2 Zehen Knoblauch
2 Lorbeerblätter
1/8 l Gemüsebrühe
1/8 l Weißwein, trocken

Nährwerte p. P.

666 kcal
58 g kh
20 g Fett
25 g Eiweiß

1 Tontopf wässern. Kartoffeln und Möhren säubern. Die Kartoffeln vierteln und die Möhren schräg in Scheiben schneiden. Porree, Paprika und Blumenkohl waschen und in Scheiben, Streifen bzw. Röschen schneiden. Oregano feinhacken (etwas zum Garnieren übrig lassen). Hähnchen putzen und in 8 Teile teilen.

2 Öl mit Paprikapulver, Salz und Pfeffer anrühren, hiermit das Hähnchen bestreichen. Knoblauch durch eine Knoblauchpresse drücken und mit dem Gemüse, etwas Salz und dem Lorbeer vermengen. Alles zusammen in den Tontopf geben und das Hähnchen darauf anrichten.

3 Gießen Sie die Brühe und den Wein hinzu und stellen Sie den Tontopf in den noch kalten Backofen. Ca. 90 Minuten bei 175 °C Umluft garen.

4 Zuletzt den Deckel öffnen und weitere 15 Minuten im Backofen garen. Nach Belieben mit Oregano garnieren.

Tunesisches Hühnchen

4 Port. 110 Min. Leicht

Zutaten

- 1 ganzes Brathähnchen oder 1 kg Hühnerbrust
- 500 g Kartoffeln
- 1 Dose stückige Tomaten
- 1 Zwiebel
- 1 Paprikaschote
- 2 Peperoni
- etwas Tomatenmark
- etwas Öl
- 1 TL Safran
- etwas Zucker
- Salz
- Pfeffer
- Saft einer Zitrone
- 200 ml Brühe
- etwas gehackte Petersilie und Zitronenmelisse

Nährwerte p. P.

730 kcal
40 g kh
27 g Fett
77 g Eiweiß

1 Während der Tontopf wässert, können Sie die Kartoffeln schälen und in Würfel schneiden. Zwiebel, Paprika und Peperoni kleinhacken und vermengen.

2 In einer Schüssel werden nun die Kartoffeln mit Öl, Petersilie und Zitronenmelisse vermischt. Geben Sie dann den Zucker, die stückigen Tomaten, das Tomatenmark, den Zitronensaft, die Gewürze und schließlich das Gemüse hinzu.

3 In dem abgetrockneten Tontopf wird die Mischung ausgebreitet und darauf das Hühnerfleisch gelegt. Gießen Sie die Brühe hinzu und verschließen Sie den Deckel.

4 Der verschlossene Topf kommt nun in den kalten Backofen und dieser wird auf 200 °C erhitzt. Lassen Sie das Huhn für 90 Minuten bei dieser Hitze schmoren.

5 Nach der Garzeit nehmen Sie den Topf aus dem Ofen. Sie können das Gericht sofort servieren.

Tipp: Statt Safran können Sie auch Kurkuma verwenden.

Zitronen-Huhn

4 Port. 120 Min. Leicht

Zutaten

- 1,2 kg Poularde
- 4 große Zwiebeln
- 2 Zitronen
- 1 Limette
- 1 Knolle Knoblauch
- 1 Bund Zwiebellauch
- 1 Bund Zitronenthymian
- 4-5 mittlere Kartoffeln
- 100 ml Öl
- 10 Cocktailtomaten
- Salz
- Pfeffer

Nährwerte p. P.

589 kcal, 11 g kh,
30 g Fett, 61 g Eiweiß

1 Poularde teilen, mit Salz und Pfeffer würzen. Zwiebeln, Limette und Zitronen in feine Scheiben schneiden. Knoblauchknolle in einzelne Zehen teilen, aber nicht schälen. Schälen Sie die Kartoffeln und vierteln Sie sie. Putzen Sie den Zwiebellauch und schneiden Sie ihn in Stücke.

2 Fleisch, Öl und Gemüse in den Tontopf geben und mischen. Nochmals mit Salz und Pfeffer würzen. Tontopf in den noch kalten Ofen stellen und ca. 75 Minuten bei 200 °C schmoren lassen. Nach 60 Minuten die Tomaten und den Zitronenthymian hinzugeben. Anschließend 20 Minuten ohne Deckel weiter schmoren. Zuletzt servieren.

Tipp: Als Beilage eignen sich Brot oder Reis.

Coq au vin

2 Port. 110 Min. Leicht

Zutaten

1 Hähnchen
200 g Schalotten
4 Möhren, groß
1 Sellerieknolle, klein
350 g Champignons
1 Zitrone, Bio
2 EL Öl
Salz
Pfeffer
2 Knoblauchzehen
2 Lorbeerblätter
1/8 l Gemüsebrühe
1/8 l Weißwein, trocken

Nährwerte p. P.

458 kcal, 22 g kh,
15 g Fett, 20 g Eiweiß

1 Tontopf wässern. Schälen Sie die Schalotten und halbieren Sie sie. Schälen und waschen Sie die Möhren und den Sellerie. Würfeln Sie den Sellerie grob. Halbieren Sie die Möhren längs und schneiden Sie sie schräg in Stücke. Anschließend Pilze putzen und je nach Größe halbieren. Zitrone säubern und halbieren.

2 Hähnchen säubern und in 8 Teile teilen. Öl mit Salz und Pfeffer anrühren und damit das Hähnchen bestreichen. Knoblauch durch eine Knoblauchpresse drücken und mit dem Gemüse, etwas Salz und dem Lorbeer vermengen.

3 Alles zusammen in den Tontopf geben und das Hähnchen darauf anrichten. Gießen Sie die Brühe und den Wein hinzu und stellen Sie den Tontopf in den noch kalten Backofen. Ca. 90 Minuten bei 180 °C garen.

Huhn auf Altrömisch

4 Port. 120 Min. Leicht

Zutaten

- 1 ganzes Brathähnchen
- 30 g grüne Oliven
- 100 g geschälte Kastanien
- 1 kl. Apfel
- 15 ml Marsala
- 3 EL Crème fraîche
- 1 EL Austernsoße
- 2 EL Sojasoße
- 3 EL Zitronensaft
- 1 Bund Koriander
- Salz
- Pfeffer

Nährwerte p. P.

624 kcal
13 g kh
30 g Fett
71 g Eiweiß

1 Während der Tontopf gewässert wird, werden die Kastanien in heißem Wasser etwa 5 Minuten lang vorsichtig gekocht, bis sie weich sind. In einer Schüssel werden die weichen Kastanien zerdrückt. Hacken Sie den Koriander und schneiden Sie die Oliven klein. Der Apfel wird in dünne Scheiben geteilt. Geben Sie diese Zutaten zu den Kastanien, beträufeln Sie mit Zitronensaft und vermengen Sie alles unter Zugabe von Salz und Pfeffer.

2 Waschen Sie das Huhn gründlich, auch von innen, und tupfen Sie es dann trocken. Stopfen Sie die Kastanienfüllung hinein und verschließen Sie die Öffnung mit einigen Zahnstochern. Von außen wird das Huhn mit Sojasoße eingerieben und anschließend in den abgetrockneten Tontopf gelegt. Verschließen Sie den Deckel des Tontopfes und erhitzen Sie ihn im Backofen auf 220 °C. So kann das Huhn für 30 Minuten garen.

3 Für die Zubereitung der Soße werden Marsala und Austernsoße gemischt und nach der 30-minütigen Garzeit über das Huhn gegossen. Dafür wird das Huhn im Tontopf gewendet. Anschließend den Deckel wieder schließen und weitere 45 Minuten garen lassen. Für eine knusprige Haut kann das Huhn ohne Deckel noch 15 Minuten im Ofen bleiben. Zum Schluss wird die Soße mit Salz, Pfeffer und Crème fraîche abgeschmeckt.

Tipp: Dazu passen würzige Kartoffelspalten.

Mediterrane Hähnchenroulade

2 Port. 85 Min. Mittel

Zutaten

- 2 Hähnchenschenkel ohne Knochen
- 2 TL Tomaten Pesto
- 2 TL mediterrane Kräuter
- 6 Scheiben Schafskäse
- 100 ml Gemüsebrühe
- 100 ml Orangensaft
- 1 kl. Zucchini
- 150 g Cocktailtomaten
- Salz
- Pfeffer

Nährwerte p. P.

444 kcal
9 g kh
24 g Fett
46 g Eiweiß

1 Waschen Sie das Fleisch gründlich unter fließendem Wasser und tupfen Sie es danach trocken. Die Hähnchenschenkel werden mit der Haut nach unten ausgelegt und etwas flach gedrückt. Streichen Sie beide Schenkel mit Tomaten-Pesto ein und verteilen Sie den Schafskäse darauf. Damit die Roulade zusammenhält, werden diese mit Bindfaden oder Zahnstochern fixiert.

2 In den gewässerten Tontopf kommen die Gemüsebrühe, der Orangensaft, Kräuter, Salz und Pfeffer. In diesen Sud werden die Hähnchenrouladen eingelegt. Schließen Sie den Deckel und stellen Sie den Tontopf in den kalten Backofen.

3 Bei 190 °C werden die Rouladen für 50 Minuten gegart. In der Zwischenzeit schneiden Sie das Gemüse in mundgerechte Stücke.

4 Nehmen Sie die Rouladen kurz aus dem Topf und geben Sie das geschnittene Gemüse hinzu. Die Rouladen dann auf das Gemüse legen und den Deckel wieder verschließen. Für weitere 20 Minuten wird das Gemüse mitgegart. Nach Ende der Garzeit nehmen Sie den Topf aus dem Ofen, stellen die Rouladen kurz warm und schmecken die Soße mit Gewürzen ab.

Tipp: Dazu passt Fladenbrot, welches mit Öl bepinselt noch kurz im Ofen aufgebacken wird.

Hähnchenschmortopf

4 Port. 140 Min. Leicht

Zutaten

4 Hühnerschenkel
1 kg Kartoffeln
2 Tomaten
1 rote Paprika
1 Zwiebel
750 ml Gemüsebrühe
1 TL Paprikapulver, rosenscharf
Majoran und Liebstöckel nach Belieben
Salz & Pfeffer

Nährwerte p. P.

563 kcal
43 g kh
24 g Fett
53 g Eiweiß

1 Tontopf wässern. Waschen Sie in der Zwischenzeit die Hühnerschenkel, tupfen Sie diese trocken und reiben Sie sie mit Salz, Pfeffer, Paprikapulver und Majoran ein.

2 Kartoffeln schälen und würfeln (ca. 2 cm Kantenlänge). Zwiebel ebenfalls grob würfeln. Waschen Sie die Paprika und die Tomaten. Entkernen Sie die Paprika, entfernen Sie den Strunk von Paprika und Tomaten und schneiden Sie das Gemüse in ca. 1 cm große Würfel.

3 Nehmen Sie den Tontopf aus dem Wasserbad, geben Sie die Zwiebel, Paprika, Kartoffeln, Tomaten, Salz und Liebstöckel hinein und begießen Sie alles mit der Gemüsebrühe, sodass das Gemüse bedeckt ist. Legen Sie die Hühnerschenkel mit der Hautseite nach oben auf das Gemüse und schließen Sie den Topf mit dem Deckel.

4 Geben Sie den Tontopf auf die unterste Schiene im Ofen, stellen Sie diesen auf 200 °C Ober- und Unterhitze und lassen Sie alles für 100 Minuten garen. Nehmen Sie anschließend den Deckel ab und lassen Sie alles für weitere 20 Minuten bräunen.

5 Wenn die Zeit um ist, zupfen Sie das Fleisch von den Hühnerschenkeln und servieren Sie es mit dem Gemüse und etwas Brühe. Etwas Basilikum oder Petersilie als Topping kann das Ganze noch verfeinern.

Fisch

Forelle

4 Port. 50 Min. Leicht

Zutaten

- 4 Forellen, ganz und küchenfertig
- je 3 Zweige Rosmarin, Dill und Thymian
- 1 EL bunter Pfeffer, ganz
- je ½ Zitrone und Limette in Bio-Qualität
- 100 g Cocktailtomaten
- 1 rote Zwiebel
- 2 Zehen Knoblauch
- ½ Bund frische Petersilie
- 4 EL Olivenöl
- Salz und Pfeffer

Nährwerte p. P.

440 kcal, 4 g kh,
24 g Fett, 53 g Eiweiß

1 Tontopf wässern. Häuten Sie Knoblauch und Zwiebel. Schneiden Sie die Zwiebel in feine Ringe und den Knoblauch in hauchfeine Scheiben. Spülen Sie Limette und Zitrone heiß ab, halbieren Sie beide der Länge nach und schneiden Sie diese in dünne Scheiben. Waschen und trocknen Sie die Forellen, bevor Sie diese innen und außen gründlich mit Salz und Pfeffer einreiben. Waschen Sie Kräuter sowie Tomaten und halbieren Sie letztere.

2 Reiben Sie den Tontopf und die Fische mit dem Öl ein, legen Sie die Fische hinein, verteilen Sie Kräuterzweige und Petersilie in und auf den Fischen, legen Sie die halben Tomaten, die Zwiebelringe und den Knoblauch um die Fische herum und verteilen Sie den bunten Pfeffer auf dem Essen. Legen Sie einige der Zitrusfrüchte zu dem Fisch und geben Sie alles geschlossen bei 200 °C für 35 Minuten in den Backofen. Wirkt der Fisch zu trocken, streichen Sie noch etwas Öl darauf.

3 Servieren Sie die Fische zu Kartoffeln und mit den restlichen frischen Scheiben der Zitrusfrüchte.

Flunder

4 Port. 70 Min. Leicht

Zutaten

- 1 kg Flunder (4 ganze Fische, küchenfertig)
- 1 Zitrone (Bio)
- 1 rote Chilischote
- 2 rote Paprika
- 400 g Cocktailtomaten
- 300 g Brokkoli
- 2 Zwiebeln
- 3 Knoblauchzehen
- 6 EL Olivenöl
- 6 Zweige Rosmarin
- 3 EL Weißweinessig
- Salz und Pfeffer

Nährwerte p. P.

517 kcal, 12 g kh,
31 g Fett, 46 g Eiweiß

1 Waschen Sie das Gemüse und die Kräuter. Teilen Sie den Brokkoli in Röschen und garen Sie diese für etwa 10 Minuten separat in heißem Salzwasser, anschließend abtropfen lassen. Häuten Sie derweil Knoblauch und Zwiebeln, entfernen Sie die Paprikakerne und jeweils den Strunk und halbieren oder vierteln Sie die Cocktailtomaten. Hacken Sie Knoblauch und Chili sehr fein, teilen Sie die Zwiebeln in Ringe, schneiden Sie die Zitrone in 8 Scheiben und die Paprika in mundgerechte Stücke.

2 Waschen Sie den Fisch und tupfen Sie ihn trocken, bevor Sie ihn innen und außen mit etwas Öl, Salz und Pfeffer einreiben. Geben Sie in der Reihenfolge Öl, Zwiebelringe, Knoblauch, Paprika, Brokkoli, Tomaten und den Fisch in den Tontopf. Stellen Sie diesen bei 220 °C in den noch kalten Ofen und lassen Sie alles geschlossen 45 Minuten garen. Nach 30 Minuten der Garzeit würzen Sie mit Salz und Pfeffer. Geben Sie den Essig über das Gemüse und Chili und Kräuter hinzu. Servieren Sie dazu frisches Baguette oder Salzkartoffeln.

Paella

4 Port. 90 Min. Leicht

Zutaten

- 500 g Meeresfrüchte
- 1 rote Zwiebel
- 1 rote Chilischote
- 3 Knoblauchzehen
- 250 g Langkornreis
- ¾ l Fischfond
- 2 rote Paprika
- 3 Tomaten
- 150 g Erbsen
- 1 Zitrone (Bio)
- 2 Handvoll Petersilie
- 1 Handvoll frisches Basilikum
- Curry, Paprikapulver, Kurkuma, Salz und Pfeffer

Nährwerte p. P.

737 kcal
85 g kh
10 g Fett
54 g Eiweiß

1 Tontopf wässern. Häuten Sie die Zwiebel und den Knoblauch. Hacken Sie die Zwiebel in feine Würfel, pressen Sie den Knoblauch und waschen Sie das restliche Gemüse. Entfernen Sie Kerne und Strunk von den Paprika und hacken Sie diese in etwa 5 mm große Würfel. Schneiden Sie auch die Tomaten in kleine Würfel und die Chilischote besonders klein.

2 Spülen Sie die Zitrone unter heißem Wasser ab, halbieren Sie sie und schneiden Sie eine Hälfte einmal längs und einmal quer durch, bevor Sie hauchdünne Scheiben daraus schneiden. Die zweite Hälfte pressen Sie aus. Waschen Sie die Petersilie, schütteln Sie diese aus und hacken Sie sie klein. Waschen Sie ebenfalls den Reis ab.

3 Geben Sie nun Reis, Zwiebel, Knoblauch, Gemüse, Chili und den Fischfond in den Tontopf. Rühren Sie einmal gründlich um und geben Sie alles in den kalten Ofen, der dann auf 200 °C gestellt wird. Schließen Sie den Tontopf und lassen Sie alles 50 Minuten garen.

4 Schmecken Sie dann mit den Gewürzen alles einmal ab, legen Sie die Zitrone auf den Gemüsereis und die Meeresfürchte ebenfalls. Geben Sie den Tontopf nun für weitere 15 Minuten in den Backofen.

5 Garnieren Sie die Portionen mit den frischen Basilikumblättern und den Zitronenscheiben.

Fischrollen auf Lauchgemüse

4 Port. 80 Min. Leicht

Zutaten

4 Rotbarschfilets
etwas Zitronensaft
etwas Salz
8 Scheiben Schinkenspeck
etwas Senf
etwas Pfeffer
800 g Porree
50 g Butter
etwas Schnittlauch
Zitronenscheiben

Nährwerte p. P.

301 kcal
9 g kh
17 g Fett
28 g Eiweiß

1 Beträufeln Sie die Rotbarschfilets mit etwas Zitronensaft und salzen Sie sie. Legen Sie jedes Filet zwischen zwei Speckscheiben, wobei Sie die Oberseite mit Senf bestreichen und pfeffern. Anschließend Fisch in die Speckscheiben einrollen.

2 Schneiden Sie den Porree in etwa 2 cm große Stücke, geben Sie ihn in den Tontopf. Würzen Sie alles mit Salz und Pfeffer und legen Sie die Filetrollen darauf.

3 Etwas Butter in Flöckchen darauf geben, Deckel schließen und in den kalten Backofen stellen. Ca. 60 Minuten bei 200 °C Ober-/Unterhitze garen.

4 Bestreuen Sie vor dem Servieren die Filetrollen mit etwas gehacktem Schnittlauch und garnieren Sie sie mit Zitronenscheiben und Lauchgemüse.

Fischfilet a la Puttanesca

2 Port. 50 Min. Leicht

Zutaten

- 4 Fischfilets (z.B. Rotbarsch)
- 20 Oliven, schwarz
- 2 TL Kapern
- 1 Peperoni, rot
- 6 Frühlingszwiebeln
- 4 Tomaten
- 2 Knoblauchzehen
- 1 Bund Basilikum
- 6 EL Olivenöl
- etwas Salz
- etwas Pfeffer
- Thymian

Nährwerte p. P.

497 kcal
3 g kh
39 g Fett
36 g Eiweiß

1 Schneiden Sie die Oliven in Stücke, halbieren Sie die Peperoni und hacken Sie sie fein. Brühen Sie die Tomaten ab, Haut abziehen und schneiden Sie sie in Scheiben. Häuten und halbieren Sie den Knoblauch, schneiden Sie die Frühlingszwiebeln in Stücke und zerhacken Sie das Basilikum grob.

2 Fischfilets salzen, pfeffern und in den Tontopf geben. Jedes Filet mit etwas Peperoni, Frühlingszwiebeln, Kapern, Oliven und Thymian bestreuen. Knoblauch um die Filets herum legen, alles mit Basilikum bestreuen, mit Tomatenscheiben bedecken und etwas Öl darüber geben. Nochmals pfeffern und salzen, den Deckel schließen und ca. 40 Minuten bei 200 °C garen.

3 Knoblauch entfernen. Fisch mit Gemüse bedeckt servieren und etwas Sauce darauf geben. Als Beilage eignet sich Reis.

Sardinen

4 Port. 55 Min. Leicht

Zutaten

1 kg Sardinen
5 Knoblauchzehen
2 Zweige Basilikum
1 Zitrone (Bio)
3 EL Kümmel
1 TL Oregano
6 El Olivenöl
Salz und Pfeffer

Nährwerte p. P.

641 kcal
6 g kh
47 g Fett
51 g Eiweiß

1 Waschen Sie die Sardinen und tupfen Sie diese anschließend trocken.

2 Bestreichen Sie den Tontopf und die Sardinen mit dem Olivenöl. Geben Sie Salz innen und außen auf die Fische, das Basilikum im Ganzen zwischen die Fische und Knoblauch, Kümmel und Oregano darüber.

3 Schneiden Sie einige Scheiben von der Zitrone ab und legen Sie diese verteilt in den Tontopf auf die Sardinen.

4 Stellen Sie den Topf bei 200 °C für etwa 40 Minuten in den noch kalten Ofen.

5 Servieren Sie die Fische mit den restlichen Zitronenscheiben sowie mit Reis oder Kartoffeln und Salat als Beilage.

Lachsfilet

4 Port. 50 Min. Leicht

Zutaten

- 800 g Lachsfilet
- 2 Zitronen (Bio)
- 2 Handvoll Kerbel
- je 2 Stängel Estragon und Rosmarin
- 8 Stängel Dill
- 2 EL bunter Pfeffer, ganz
- 4 cl Wermut
- 6 EL Olivenöl
- Salz und Pfeffer

Nährwerte p. P.

490 kcal
3 g kh
35 g Fett
38 g Eiweiß

1 Waschen Sie den Lachs und tupfen Sie diesen trocken.

2 Bestreichen Sie den Tontopf mit dem Öl und legen Sie die Hälfte der Kräuter hinein.

3 Drapieren Sie den Lachs darauf und beträufeln Sie diesen mit dem Saft einer halben Zitrone und dem Wermut.

4 Legen Sie die andere Hälfte der Kräuter darauf, bestreuen Sie alles mit Salz und Pfeffer und verteilen Sie den bunten Pfeffer im Topf.

5 Geben Sie den geschlossenen Tontopf nun bei 230 °C in den noch kalten Ofen und garen Sie den Lachs darin für 40 Minuten.

6 Schneiden Sie in der Zwischenzeit die restlichen Zitronen in Scheiben und garnieren Sie damit den servierfertigen Lachs.

Tipp: Dazu passen Kartoffeln oder Reis und Salat.

Rotbarbe mit Gemüse

4 Port. 60 Min. Leicht

Zutaten

1 kg Rotbarbe
1 rote Paprika
1 gelbe Paprika
2 Zitronen (Bio)
je 200 g Brokkoli und Blumenkohl
600 g Möhren
200 g Cocktailtomaten
150 g grüne Bohnen
1 Zwiebel
6 Knoblauchzehen
1 Bund frische Petersilie
2 Zweige Rosmarin
1 TL Salbei
1 kleine rote Chilischote
5 EL Olivenöl
Salz und Pfeffer

Nährwerte p. P.

590 kcal
10 g kh
33 g Fett
54 g Eiweiß

1 Tontopf wässern. Häuten Sie die Zwiebel und den Knoblauch und waschen Sie das Gemüse. Schälen Sie die Möhren, entfernen Sie Strunk und Wurzeln und schneiden Sie diese in dünne Scheiben. Entkernen Sie die Paprika und schneiden Sie beide Schoten in mundgerechte Stücke. Hacken Sie die Chilischote ohne Strunk sehr fein, ebenso die Petersilie. Halbieren Sie die Cocktailtomaten und schneiden Sie die Bohnen ohne die Enden in etwa 3 cm lange Stücke. Trennen Sie vom Brokkoli und Blumenkohl kleine Röschen ab. Halbieren Sie auch die Zitronen längs und schneiden Sie die Hälften in Scheiben. Köpfen und entschuppen Sie die Rotbarben oder lassen Sie dies vom Fischhändler tun. Waschen Sie die Fische anschließend gründlich, tupfen Sie sie trocken und salzen und pfeffern Sie diese.

2 Geben Sie das Öl gut verteilt in den Tontopf. Verteilen Sie erst das Gemüse im Topf und würzen Sie es mit Salz und Pfeffer, darauf geben Sie dann Salbei und Rosmarinzweige sowie die Fische.

3 Geben Sie alles für etwa 45 Minuten bei 180 °C zugedeckt in den noch kalten Ofen, wenden Sie die Fische dabei nach der Hälfte der Zeit einmal und bestreichen Sie diese, wenn Sie sie noch zarter haben möchten, mit etwas Butter.

4 Servieren Sie das Gericht mit den Zitronenscheiben garniert und mit Reis oder frischem Brot.

Fischfrikassee

4 Port. 65 Min. Leicht

Zutaten

1 kg Fischfilet nach Wahl
250 g Champignons
4 EL Zitronensaft
1 Becher Crème fraîche
3 TL Senf
5 EL Milch
1 Packung Erbsen, TK
1 Bund Dill
Pfeffer
Salz

Nährwerte p. P.

523 kcal
9 g kh
33 g Fett
43 g Eiweiß

1 Der Fisch wird gründlich gewaschen, trocken getupft und anschließend in Stücke geschnitten. In einer Schüssel werden die Fischstücke mit Zitronensaft und Salz vermengt.

2 Die Champignons werden in dünne Scheiben geschnitten. Die Milch verrühren Sie mit der Crème fraîche und dem Senf und schmecken alles mit Salz und Pfeffer ab.

3 Geben Sie die Masse zu den Fischstücken und fügen Sie die Champignons und die Erbsen hinzu.

4 In dem gewässerten Tontopf wird die gesamte Masse gleichmäßig verteilt, diese wird anschließend mit etwas Salz und Pfeffer bestreut. Verschließen Sie den Topf und stellen Sie diesen in den kalten Backofen.

5 Bei 200 °C wird der Fischauflauf für 50 Minuten gegart. Inzwischen können Sie den Dill fein hacken und ihn nach der Garzeit über das Gericht streuen.

Tipp: Dazu passt ein frischer Salat. Um die Mahlzeit zu erweitern, können auch Salzkartoffeln dazu gereicht werden.

Auflauf

Lasagne

4 Port. 55 Min. Leicht

Zutaten

250 g Hackfleisch
12 Lasagneplatten
1 Möhre
1 große Zwiebel
1 Knoblauchzehe
1 Paprika, rot
2 Tomaten
300 ml Wasser
100 ml Tomatenmark
250 g geriebener Käse
200 ml Crème fraîche
etwas Salz & Pfeffer
etwas Paprikagewürz
etwas Öl

1 Tontopf wie gewont wässern. Etwas Öl in einer Pfanne erhitzen und zunächst das Hackfleisch anbraten. Zwiebel, Knoblauch und Möhre schälen. Anschließend Zwiebel, Tomate, Paprika und Möhre in Scheiben schneiden, den Knoblauch in die Pfanne pressen.

2 Anschließend das Gemüse hinzugeben, etwas anbraten und mit Salz, Pfeffer und Paprikagewürz abschmecken. Tomatenmark und Wasser hinzugeben und köcheln lassen, bis eine sämige Konsistenz erreicht ist.

3 Nun geben Sie die Soße und die Lasagneplatten schichtweise in den Tontopf. Beginnen und Enden Sie hierbei mit der Soße. Zuletzt die Crème fraîche auf die oberste Soßen-Schicht geben und mit Käse bestreuen.

4 Schieben Sie die Lasagne in den kalten Ofen und backen Sie sie für 40 Minuten bei 200 °C Ober-/Unterhitze.

Nährwerte p. P.

669 kcal, 45 g kh, 38 g Fett, 36 g Eiweiß

Ital. Gemüseauflauf

4 Port. 60 Min. Leicht

Zutaten

- 250 g Tomaten
- 750 g Zucchini
- 150 ml Sahne
- 250 Frischkäse (mit Kräutern)
- 100 g Käse, gerieben (Emmentaler, Mozzarella und/oder Gouda)
- 1 Zwiebel
- 1 Knoblauchzehe
- 3 EL Petersilie
- 3 Zweige Oregano
- 1 TL Thymian
- 1 TL Butter

Nährwerte p. P.

336 kcal, 10 g kh,
36 g Fett, 16 g Eiweiß

1 Verrühren Sie die Sahne mit dem Frischkäse und der Hälfte des geriebenen Käses. Waschen Sie die Tomaten und die Zucchini und häuten Sie Zwiebel und Knoblauch. Hacken Sie die Zwiebel, den Knoblauch und die Kräuter fein und verrühren Sie diese mit der Käse-Mischung. Schneiden Sie die Tomaten und die Zucchini in etwa 5 mm dicke Scheiben.

2 Fetten Sie nun den Tontopf ein und legen Sie dort die Gemüsescheiben schräg übereinander, bis das ganze Gemüse aufgebraucht ist. Schütten Sie die Käse-Mischung darüber und streuen Sie den restlichen Käse darauf.

3 Lassen Sie den Auflauf für 35 Minuten zugedeckt backen. Entfernen Sie dann den Deckel und lassen Sie den Auflauf noch weitere 10 Minuten backen, bis der Käse eine schöne Kruste bildet.

Tipp: Baguette eignet sich zu diesem Gratin hervorragend als Beilage.

Spätzleauflauf

4 Port. 55 Min. Leicht

Zutaten

- 3 Zwiebeln
- 1 kg Spätzle
- 250 g Käse, gerieben
- 200 g Schinkenwürfel
- 250 ml Sahne
- Salz
- Pfeffer

Nährwerte p. P.

837 kcal
76 g kh
37 g Fett
45 g Eiweiß

1 Die Spätzle werden nach Packungsanleitung zubereitet und bereitgestellt. Die Zwiebeln schälen und in kleine Würfel schneiden. Der Schinken wird kurz in einer heißen Pfanne ausgelassen.

2 Im gewässerten Tontopf werden die Spätzle gleichmäßig verteilt. Schinken und Zwiebeln vorsichtig unterheben. In einer kleinen Schüssel wird die Sahne mit Salz und Pfeffer gemischt und ein Teil des Käses untergerührt. Nun die Flüssigkeit zu den Spätzle geben und kurz umrühren.

3 Der restliche Käse wird über den Auflauf gestreut und der geschlossene Tontopf wird in den Backofen gestellt.

4 Bei 160 °C wird der Auflauf für 30 Minuten gebacken. Dann wird der Deckel entfernt und weitere 10 Minuten gebacken, sodass der Käse eine schöne Braunfärbung erhält.

5 Nach der Garzeit ist der Auflauf servierfertig und kann mit einem Salat gereicht werden.

Tipp: Wenn Sie es lieber vegetarisch mögen, lassen Sie einfach den Schinken weg, der Auflauf schmeckt auch so sehr lecker.

Kartoffelauflauf

4 Port. 110 Min. Leicht

Zutaten

3 Knackwürste
250 g Tomaten
300 g Salami
200 g Feta
1 Glas Gewürzgurken
1 kg Kartoffeln
500 ml Gemüsebrühe
Paprikapulver

Nährwerte p. P.

891 kcal
47 g kh
56 g Fett
43 g Eiweiß

1 Die Kartoffeln werden geschält und in kleine Würfel geschnitten. Die Würste und die Salami werden ebenfalls in kleine Würfel oder Scheiben geteilt. Häuten Sie die Tomaten und zerteilen Sie das Fruchtfleisch. Die Gewürzgurken werden in dünne Scheiben geschnitten und der Fetakäse wird fein zerbröselt.

2 In dem gewässerten Tontopf werden nun abwechselnd die Zutaten geschichtet. Beginnen Sie mit einer Schicht Kartoffeln, verteilen Sie darauf die Würste und Tomaten. Decken Sie diese Schicht wieder mit Kartoffeln ab. Darauf kommen Salami und Gurken. Zum Schluss wieder alles mit Kartoffeln bedecken.

3 Darüber streuen Sie großzügig Paprikapulver und gießen dann alles mit der Gemüsebrühe auf. Bestreuen Sie den Auflauf mit dem zerbröselten Fetakäse und verschließen Sie den Deckel.

4 Der geschlossene Tontopf wird im Backofen auf 180 °C erhitzt und der Auflauf für 90 Minuten darin gebacken.

5 Nach der Garzeit ist der Auflauf servierfertig.

Tipp: Wer es nicht ganz so würzig mag, kann statt der Knackwürste auch Wiener verwenden.

Mangold-Auflauf mit Walnüssen

4 Port. 100 Min. Mittel

Zutaten

- 1 kg Kartoffeln (vorwiegend festkochend)
- 800 g Mangold
- 100 g Walnüsse
- 1 Zwiebel
- 750 ml Milch
- 150 ml Sahne
- 3 EL Butter
- 3 EL Mehl
- 2 EL Senf
- 100 g geriebener Käse (Gruyère, Pecorino, Gouda o. Ä.)
- Salz & Pfeffer

Nährwerte p. P.

839 kcal
64 g kh
52 g Fett
28 g Eiweiß

1 Waschen Sie die Kartoffeln ab und geben Sie diese im Ganzen mit Schale für 20 Minuten in kochendes Salzwasser. Pellen Sie diese anschließend und lassen Sie sie auskühlen.

2 Häuten Sie in der Zwischenzeit die Zwiebel und hacken Sie diese in kleine Würfel. Waschen Sie den Mangold und schütteln Sie ihn etwas trocken, bevor Sie dessen Stängel entfernen und die Blätter in schmale Streifen schneiden.

3 Schneiden Sie die abgekühlten Kartoffeln in etwa 5 mm dicke Scheiben.

4 Dünsten Sie die Zwiebelwürfel in der Butter in einem Topf an, geben Sie das Mehl hinzu und löschen Sie alles mit Milch und Sahne ab. Vermengen, bis eine cremige Soße entstanden ist. Rühren Sie dann Senf, Salz und Pfeffer unter.

5 Schichten Sie die Kartoffelscheiben und den Mangold im Tontopf und geben Sie die Soße darauf. Bestreuen Sie alles mit dem Käse und geben Sie das Gratin für 50 Minuten geschlossen bei 200 °C Ober- und Unterhitze in den Ofen.

6 In der Zwischenzeit hacken Sie die Walnüsse grob und rösten diese ohne Öl in einer beschichteten Pfanne einige Minuten an. Vor dem Servieren streuen Sie diese über die Portionen.

Leberkäse-Auflauf

4 Port. 70 Min. Leicht

Zutaten

300 g Zwiebeln
800 g Kartoffeln
400 g Leberkäse
2 Eier
300 g Käse
250 ml Milch
Salz
Pfeffer

Nährwerte p. P.

734 kcal
43 g kh
40 g Fett
45 g Eiweiß

1 Die Kartoffeln werden geschält und in dünne Scheiben geschnitten. Eine Hälfte wird in den gewässerten und gefetteten Tontopf gelegt, sodass der gesamte Boden bedeckt ist.

2 Schälen Sie die Zwiebeln und hacken Sie sie in kleine Würfel. In einer Pfanne werden die Zwiebeln kurz angebraten und anschließend mit Eiern und Milch verrührt. Mit Salz und Pfeffer würzen.

3 Würfeln Sie den Leberkäse in mundgerechte Stücke. Nun werden die Eimasse und der Leberkäse auf die Kartoffeln gegeben. Bedecken Sie die Masse mit den restlichen Kartoffeln. Zum Abschluss streuen Sie den Käse über den Auflauf und schließen den Deckel.

4 Der geschlossene Tontopf wird im Backofen auf 200 °C erhitzt und der Auflauf für 45 Minuten gebacken. Lassen Sie den Auflauf noch für 10 Minuten ohne Deckel backen, so wird der Käse braun und knusprig.

Tipp: Achten Sie darauf, die Kartoffeln sehr dünn zu schneiden. Da die Kartoffeln nicht vorgekocht werden, könnten zu dicke Scheiben nach der Garzeit noch hart sein.

Sauerkrautauflauf

6 Port. 70 Min. Leicht

Zutaten

500 g Fleischwurst
2 kg Kartoffeln
750 g Sauerkraut
etwas Butter

Nährwerte p. P.

554 kcal
58 g kh
26 g Fett
19 g Eiweiß

1 Schälen Sie die Kartoffeln und kochen Sie diese, bis sie weich sind. Gießen Sie das Wasser ab und stampfen Sie die Kartoffeln zu einem Püree. Die Hälfte des Pürees verteilen Sie gleichmäßig in dem gewässerten Tontopf.

2 Die Fleischwurst wird in kleine Würfel geschnitten und kurz angebraten. Fügen Sie das Sauerkraut hinzu und verrühren Sie beides sorgfältig. Die Masse wird auf dem Kartoffelpüree verteilt.

3 Darüber wird das restliche Püree verteilt und glattgestrichen. Wer mag, kann die Oberfläche mit zerlassener Butter bestreichen.

4 Der geschlossene Tontopf wird im Backofen auf 240 °C erhitzt und der Auflauf für 45 Minuten gebacken.

Tipp: Dazu schmeckt eine fruchtige Tomatensoße, die während der Backzeit zubereitet werden kann.

Brokkoliauflauf

4 Port. 70 Min. Mittel

Zutaten

- 300 g Brokkoli
- 200 g Nudeln
- 1 Zwiebel
- 100 g geriebener Käse (Gouda, Pecorino, Emmentaler o. Ä.)
- 2 Stück Zwieback
- 1 EL Butter
- 3 EL Mehl
- 400 ml Gemüsebrühe
- 100 ml Sahne
- 1 EL Olivenöl
- Muskatnuss, Oregano, Salz und Pfeffer

Nährwerte p. P.

470 kcal
50 g kh
22 g Fett
18 g Eiweiß

1 Geben Sie den Tontopf für 30 Minuten in ein Wasserbad.

2 Teilen Sie den Brokkoli in Röschen, garen Sie diese für 10 bis 12 Minuten in Salzwasser, gießen Sie sie anschließend ab und lassen Sie sie abtropfen. Auch die Nudeln geben Sie für 8 Minuten in Salzwasser und gießen diese anschließend ebenfalls ab.

3 Häuten Sie in der Zwischenzeit die Zwiebel und schneiden Sie diese in kleine Würfel.

4 Zerstoßen Sie den Zwieback und rösten Sie diesen in der Butter leicht bräunlich. Stellen Sie die Krümel anschließend beiseite.

5 Geben Sie das Öl in den Tontopf und vermischen Sie Sahne, Gemüsebrühe und den Käse miteinander. Schmecken Sie die Soße mit den Gewürzen ab und rühren Sie das Mehl hinein.

6 Geben Sie Zwiebeln, Brokkoli und Nudeln in den Tontopf und rühren Sie diese gründlich unter die Soße. Geben Sie den Auflauf für 45 Minuten geschlossen bei 175 °C in den noch kalten Backofen. Für eine schöne, goldgelbe Kruste nehmen Sie den Deckel nach 35 Minuten vom Tontopf.

7 Bestreuen Sie die Portionen vor dem Servieren mit dem gerösteten Zwieback.

Schinkenschnitzeltopf

4 Port. 85 Min. Leicht

Zutaten

- ½ kg Schweineschnitzel
- 350 g Champignons
- 300 g Tomaten
- 2 Knoblauchzehen
- 4 Scheiben Kochschinken
- 150 ml saure Sahne
- etwas Tomatenmark
- Salz
- Pfeffer
- Grillgewürz
- gehackte Kräuter nach Belieben

Nährwerte p. P.

368 kcal
5 g kh
19 g Fett
42 g Eiweiß

1 Die Schnitzel werden gründlich gewaschen und in etwa 5 cm große Stücke geschnitten. Die Tomaten werden gehäutet und das Fruchtfleisch wird kleingeschnitten. Die Champignons werden in dünne Scheiben geschnitten. Champignons und Tomaten vermengen.

2 Im gewässerten Tontopf wird der Boden mit Kochschinken ausgelegt, darauf die Hälfte der Schnitzel verteilen. Würzen Sie kräftig mit Pfeffer, Grillgewürz und Salz. Darüber wird die Hälfte der Tomaten-Champignons-Mischung gegeben. Legen Sie nun die zweite Hälfte der Schnitzel darüber und würzen Sie wieder kräftig. Zum Schluss die restliche Mischung darüber verteilen und mit Kochschinken bedecken.

3 In einer kleinen Schüssel werden die Sahne, gepresster Knoblauch, etwas Tomatenmark und nach Bedarf Wasser verrührt und über den Auflauf gegeben. Mit gehackten Kräutern servieren. Schließen Sie den Deckel und stellen Sie den Topf in den Backofen. Bei 200 °C den Auflauf für etwa 70 Minuten schmoren lassen.

4 Sollte nach der Garzeit zu viel Flüssigkeit im Topf vorhanden sein, diese in einen anderen Topf gießen und mit etwas Stärke binden.

Tipp: Dazu passen Spätzle, die separat gereicht oder direkt mit dem Auflauf gebacken werden können.

Griechischer Auflauf

6 Port. 180 Min. Leicht

Zutaten

1 kg Kartoffeln
1 kg Rindfleisch
4 Paprikaschoten
3 Zwiebeln
1 kl. Peperoni
25 g Butter
25 ml Olivenöl
700 g Tomaten
1 Bund gehackte Petersilie
etwas Oregano
etwas Kümmel
Pfeffer
Salz
100 g Käse

Nährwerte p. P.

735 kcal
45 g kh
40 g Fett
43 g Eiweiß

1 Die Kartoffeln werden in Salzwasser gekocht und anschließend geschält und in Scheiben geschnitten.

2 Das Rindfleisch wird gründlich gewaschen und anschließend in kleine Würfel geschnitten. Das Gemüse wird grob zerkleinert. Nun wird in einer Schüssel das Rindfleisch mit der Paprika, Zwiebeln, Peperoni und Tomaten vermengt. Butter und Olivenöl hinzugeben und mit Oregano, Kümmel, Salz und Pfeffer würzen.

3 Die Rindfleischmasse wird in den gewässerten Tontopf gegeben, darüber werden die Kartoffelscheiben gelegt, sodass alles komplett bedeckt ist.

4 Der geschlossene Topf wird im Backofen auf 200 °C erhitzt und der Auflauf für 2,5 Stunden darin geschmort.

5 Etwa 15 Minuten vor Garzeitende wird der Deckel entfernt und der Käse über den Auflauf gestreut. Bei offenem Deckel wird der Käse so schön kross.

6 Den Auflauf mit etwas Petersilie garnieren und servieren.

Nudelauflauf mit Käse und Schinken

6 Port. 60 Min. Leicht

Zutaten

- 500 g Nudeln (Spirelli, Gabelhörnchen o. Ä.)
- 400 g Schinken (alternativ Bacon-Streifen)
- 1 l Hühnerbrühe
- 300 ml Sahne
- 1 EL Tomatenmark
- 150 g Käse (Gouda, Emmentaler oder Pecorino)
- etwas frische Petersilie
- Muskatnuss, Paprikapulver, Salz und Pfeffer

Nährwerte p. P.

878 kcal
77 g kh
37 g Fett
60 g Eiweiß

1 Legen Sie den Tontopf für 30 Minuten in ein Wasserbad, damit der Auflauf nicht trocken wird.

2 Garen Sie die Nudeln für etwa 8 Minuten in kochendem Salzwasser vor und lassen Sie diese anschließend abtropfen.

3 Schneiden Sie derweil den Schinken in 1 cm dicke Würfel, waschen und hacken Sie die Petersilie fein.

4 Legen Sie nun die Nudeln in den Tontopf und vermischen Sie diese mit den Schinkenwürfeln und dem Tomatenmark..

5 Verrühren Sie die Brühe mit der Sahne und schmecken Sie alles mit den Gewürzen ab, dann geben Sie die Flüssigkeit über die Nudeln und den Schinken und sorgen dafür, dass alles gut vermengt ist.

6 Bedecken Sie alles mit dem geriebenen Käse und geben Sie das Gratin für 45 Minuten bei 200 °C verschlossen in den Backofen. Nach 35 Minuten entfernen Sie den Deckel, damit der Käse knusprig werden kann. Entnehmen Sie den Auflauf, wenn der Käse gebräunt ist, und servieren Sie den Auflauf mit frischer Petersilie bestreut.

Nudelauflauf

4 Port. 70 Min. Leicht

Zutaten

- 200 g Schafskäse
- 250 g Bandnudeln
- 1 kl. Zucchini
- 1 Paprika
- 1 Bund Frühlingszwiebeln
- 100 g Champignons
- 200 g Sahne
- 4 Eier
- 75 g Parmesan
- Pfeffer
- Salz
- Cayennepfeffer

Nährwerte p. P.

552 kcal
33 g kh
26 g Fett
34 g Eiweiß

1 Zuerst werden die Nudeln in kochendem Salzwasser vorgegart. Anschließend abgießen und abtropfen lassen.

2 Schafskäse, Paprika und Zucchini in kleine Würfel schneiden und bereitstellen. Die Champignons in Scheiben schneiden sowie die Frühlingszwiebeln in Ringe schneiden.

3 Im gewässerten Tontopf werden die Nudeln mit dem Gemüse und dem Schafskäse vermengt. Die Eier trennen. Die Eigelbe werden mit der Sahne und dem Parmesan verrührt und anschließend unter die Nudeln gehoben.

4 Das Eiweiß wird mit einem Mixer steif geschlagen und anschließend vorsichtig unter die Nudel-Masse gehoben. Mit Salz, Pfeffer und Cayennepfeffer. Der Deckel wird aufgesetzt und der Tontopf in den Backofen gestellt.

5 Die Temperatur auf 200 °C einstellen und den Auflauf 45 Minuten lang backen lassen.

Tipp: Wenn Sie eine Kruste auf dem Auflauf bevorzugen, nehmen Sie etwa 10 Minuten vor Garzeitende den Deckel ab.

Ofentopf Elsass

8 Port. 140 Min. Leicht

Zutaten

400 g Lauchstange
800 g Kartoffeln
400 g Zwiebeln
4 EL Senf
800 g Schweinefleisch
etwas Thymian und Majoran
1 TL Knoblauchpulver
50 g Dörrfleisch
250 ml Wasser
250 ml Weißwein
etwas Instant-Brühe
Pfeffer
Salz

Nährwerte p. P.

400 kcal
26 g kh
10 g Fett
24 g Eiweiß

1 Zwiebeln und Kartoffeln mit einem Küchenhobel in dünne Scheiben schneiden. Den Lauch in möglichst feine Ringe schneiden. Das Schweinefleisch wird in Würfel geschnitten und mit dem Senf vermengt.

2 Im gewässerten Tontopf wird die Hälfte der Zwiebeln, der Kartoffeln und des Lauchs gleichmäßig auf dem Boden verteilt. Darauf wird das Schweinefleisch gelegt, welches anschließend mit dem Rest der Kartoffeln, des Lauchs und der Zwiebeln bedeckt wird.

3 Zwischen den Schichten wird immer wieder mit Salz, Kräutern, Knoblauch und Pfeffer gewürzt. Zuletzt wird das Dörrfleisch auf dem Auflauf verteilt.

4 In einem kleinen Topf werden Wein und Wasser erwärmt und etwas Instant-Brühe eingerührt. Die noch heiße Brühe wird über den Auflauf gegeben.

5 Verschließen Sie den Deckel des Tontopfes und stellen Sie diesen in den kalten Backofen. Bei 200 °C wird der Auflauf für etwa 2 Stunden gebacken.

Schwarzwurzel-Gratin

4 Port. 60 Min. Leicht

Zutaten

- 2 Gläser Schwarzwurzeln
- 4 Eier
- 2 Becher Creme fraiche
- etwas Salz
- etwas Pfeffer
- gemahlene Muskatnuss
- 2 Bund Frühlingszwiebeln
- 40 g Pinienkerne

Nährwerte p. P.

239 kcal
14 g kh
14 g Fett
13 g Eiweiß

1 Lassen Sie die Schwarzwurzeln auf einem Sieb abtropfen. Währenddessen die Eier und Creme fraiche vermengen. Würzen Sie mit Muskat, Salz und Pfeffer. Putzen Sie die Frühlingszwiebeln und schneide sie in feine Ringe.

2 Geben Sie die Schwarzwurzeln und die Frühlingszwiebeln in den Tontopf. Gießen Sie die Eiermasse darüber, bestreuen Sie mit Pinienkernen und schließen Sie den Deckel des Topfes. Anschließend in den noch kalten Ofen schieben und bei 220 °C Ober-/Unterhitze 50 Minuten garen lassen.

3 Entfernen Sie nach 30 Minuten den Deckel für die restliche Garzeit.

Kohlrabiauflauf

5 Port. 90 Min. Leicht

Zutaten

- 1 kg Kohlrabi
- 40 g Butter
- 125 ml Gemüsebrühe
- 1 Zwiebel, klein
- 30 g Butter
- 25 g Weizenmehl
- 125 ml Milch
- 375 g Gehacktes (halb Schwein/ halb Rind)
- 1 Ei
- etwas Salz
- etwas Pfeffer
- geriebene Muskatnuss
- 40 g Gouda, gerieben
- 30 g Butter

Nährwerte p. P.

314 kcal
5 g kh
25 g Fett
15 g Eiweiß

1 Schneiden Sie den Kohlrabi in Stifte, zerlassen Sie die Butter in einem Topf und dünsten Sie den Kohlrabi darin an. Fügen Sie die Gemüsebrühe hinzu, bringen Sie alles zum Kochen und garen Sie den Kohlrabi in 10 Minuten. Anschließend den Kohlrabi in ein Sieb abgießen und das Kochwasser auffangen.

2 Würfeln Sie die Zwiebel. Zerlassen Sie die Butter in einer Pfanne und geben Sie die Zwiebeln hinzu. Anschließend fügen Sie das Mehl hinzu und rühren, bis es eine hellgelbe Farbe annimmt.

3 Löschen Sie mit Kohlrabikochwasser und Milch ab und schlagen Sie alles mit einem Schneebesen auf. Alles zusammen für 5 Minuten zum Kochen bringen.

4 Das Ei mit dem Gehackten mischen, salzen, pfeffern und mit Muskat würzen. Vermengen Sie dies mit der Sauce und geben Sie alles abwechselnd mit dem Kohlrabi in den Tontopf. Bestreuen Sie mit etwas Gouda und legen Sie die Butter in Flöckchen darauf. Zuletzt Deckel verschließen, in den kalten Ofen schieben und für 50 Minuten bei 220 °C Ober-/Unterhitze garen.

Italienischer Auflauf mit Schweinefilet

5 Port. 70 Min. Leicht

Zutaten

- 250 g Schinken
- 500 g Schweinefilet in Streifen
- 250 g Tomaten
- 375 ml Champignons, Dose
- 200 g geriebenen Käse
- 400 g Schmand
- 1 EL Tomatenketchup
- etwas Thymian, Salbei und Rosmarin
- etwas Salz
- etwas Pfeffer
- etwas Öl

Nährwerte p. P.

751 kcal
5 g kh
58 g Fett
50 g Eiweiß

1 Reiben Sie zunächst den gewässerten Tontopf mit Öl ein, bevor Sie Kochschinken, das Filet, Tomaten und Champignons hineinlegen.

2 Rühren Sie eine Sauce aus dem Schmand, den gehackten Kräutern, Salz, Pfeffer und Ketchup an und geben Sie sie über den Auflauf.

3 Zuletzt mit dem Käse bestreuen, den Deckel schließen und für 60 Minuten bei 180 °C garen.

Eintopf & Suppe

Erbsensuppe

4 Port. 4 Std. Leicht

Zutaten

3 Möhren
500 g Erbsen, getrocknet
4 Kartoffeln
2 Brühwürfel
250 g Speck
2 Stangen Lauch

Nährwerte p. P.

396 kcal
32 g kh
19 g Fett
23 g Eiweiß

1 Am Abend vor der Zubereitung werden die Erbsen in ausreichend Wasser eingelegt. Geben Sie am nächsten Tag die eingeweichten Erbsen über ein Sieb und lassen Sie sie gut abtropfen. Möhren und Kartoffeln werden in kleine Würfel geschnitten. Der Lauch wird längs halbiert und in Streifen geschnitten.

2 Braten Sie den Speck in einer heißen Pfanne kurz an, geben Sie dann Möhren, Kartoffeln und Lauch hinzu. Mit 2 l Wasser wird nun alles aufgegossen. Der gewässerte Tontopf wird mit der Suppe gefüllt, die Erbsen werden hinzugegeben und die Brühwürfel in der Flüssigkeit aufgelöst.

3 Schließen Sie nun den Deckel und stellen Sie den Tontopf in den Backofen. Dieser wird auf 180 °C erhitzt. Die Suppe für 3 Stunden durchziehen lassen.

Tipp: Wer mag, kann der Suppe in den letzten Minuten Bockwurstscheiben hinzufügen.

Steckrübeneintopf

4 Port. 140 Min. Leicht

Zutaten

½ kg Steckrüben
½ kg Schweinenacken
½ kg Möhren
½ kg Kartoffeln
2 Zwiebeln
2 Lorbeerblätter
1 TL Wacholderbeeren
Salz
Pfeffer
Majoran
etwas Butter
1 l Brühe

Nährwerte p. P.

467 kcal
32 g kh
19 g Fett
39 g Eiweiß

1 Zuerst wird das gesamte Gemüse in Würfel geschnitten.

2 Das Fleisch wird gründlich gewaschen und ebenfalls in kleine Stücke geschnitten. Die Stücke sollten nicht größer als 2-3 cm sein.

3 In dem gewässerten Tontopf wird nun das Fleisch und das Gemüse verteilt und mit Salz und Pfeffer gewürzt. Geben Sie noch etwas Majoran, Lorbeer und Wacholder hinzu und rühren Sie gut um.

4 Geben Sie die gesamte Brühe in den Topf und verschließen Sie ihn. Im Backofen wird die Suppe auf 200 °C erhitzt und für 2 Stunden gegart.

5 Nach der Garzeit noch einmal nachwürzen, abschmecken und schließlich mit einem Stück Butter verfeinern.

Tipp: Statt Schweinenacken kann auch Kasseler genommen werden, so wird die Suppe kräftiger.

Französische Zwiebelsuppe

4 Port. 100 Min. Leicht

Zutaten

500 g Zwiebeln
750 ml Gemüsebrühe
250 ml Weißwein
100 g geriebener Käse
etwas Currypulver
etwas Zucker
4 Scheiben Weißbrot
etwas Öl

Nährwerte p. P.

175 kcal
7 g kh
8 g Fett
8 g Eiweiß

1 Während der Tontopf wässert, bereiten Sie die Zutaten für die Suppe vor. Schälen Sie dazu die Zwiebeln und schneiden Sie sie in feine Ringe.

2 Die Zwiebelringe werden in einer Pfanne mit etwas Öl kurz angedünstet.

3 Im Tontopf werden Brühe und Weißwein vorgelegt. Geben Sie die gedünsteten Zwiebeln hinzu und würzen Sie die Suppe mit Curry und Zucker.

4 Verschließen Sie nun den Deckel und erhitzen Sie den Tontopf auf 200 °C. Bei dieser Temperatur sollte die Suppe für 75 Minuten durchziehen.

5 Nach dieser Zeit wird der Deckel entfernt und die Weißbrotscheiben werden auf die Suppe gelegt. Streuen Sie nun den Käse darüber und lassen Sie die Suppe für weitere 10 Minuten bei geöffnetem Deckel ziehen.

Tipp: Die Weißbrotscheiben können vorher auch getoastet werden, so werden sie knuspriger.

Ochsenschwanzsuppe

4 Port. 200 Min. Leicht

Zutaten

750 g gehackter Ochsenschwanz
1 Zwiebel
1 Bund Suppengrün
1 l Gemüsebrühe
50 g Speck
etwas Pfeffer
1 EL Zitronensaft
1 EL Thymian
150 ml Rotwein
250 ml Sour Cream
4 EL Tomatenmark
ggf. etwas Stärke

Nährwerte p. P.

255 kcal
9 g kh
12 g Fett
19 g Eiweiß

1 Schälen Sie die Zwiebel und das restliche Suppengrün und schneiden Sie alles in kleine Würfel.

2 Erhitzen Sie eine Pfanne, in der Sie den Speck auslassen und die Ochsenschwanzstücke anbraten. Geben Sie auch die Zwiebeln und das Suppengrün hinzu.

3 Im bereits gewässerten Tontopf wird der Inhalt der Pfanne gleichmäßig verteilt und anschließend mit der Brühe und dem Wein übergossen. Zum Würzen geben Sie Pfeffer und Thymian hinzu.

4 Verschließen Sie den Topf und erhitzen Sie ihn im Backofen auf 180 °C. Bei dieser Temperatur wird die Suppe für 3 Stunden gekocht.

5 Nach der Garzeit geben Sie die Suppe über ein Sieb in einen weiteren Topf. Schmecken Sie noch einmal mit Pfeffer, Zitronensaft und Thymian ab und heben Sie die Sour Cream vorsichtig unter. Das Tomatenmark gibt etwas fruchtigen Geschmack.

Tipp: Wenn Ihnen die Suppe zu wässrig ist, können Sie sie mit etwas Stärke binden. Das Fleisch vom Ochsenschwanz kann kleingeschnitten der Suppe beigefügt werden.

Minestrone

4 Port. 85 Min. Mittel

Zutaten

¼ kg Rinderhackfleisch
1 Ei (Größe M)
1 EL Senf (mittelscharf)
2 TL Kapern
je 1 TL Salz, Pfeffer, Zwiebelpulver und Cayennepfeffer
3 EL Semmelbrösel
1 Gemüsezwiebel
2 Knoblauchzehen
1 kleine, gelbe Zucchini
2 Möhren
150 g Staudensellerie
1 rote Paprika
2 Tomaten
150 g Mini-Farfalle
je ½ Bund Minze, Petersilie und Dill
3 EL Olivenöl
1,5 l Gemüsebrühe
Salz und Pfeffer

Nährwerte p. P.

414 kcal, 38 g kh,
18 g Fett, 24 g Eiweiß

1 Tontopf wässern. Vermengen Sie in einer Schüssel das Hack mit Ei, Salz, Pfeffer, Zwiebelpulver, Cayennepfeffer, Kapern, Senf und Semmelbröseln, bis die Masse gut formbar ist.

2 Rollen Sie aus dieser Masse etwa 20 Bällchen, die Sie anschließend in dem Öl in einer Pfanne rundherum gut anbraten.

3 Waschen Sie Tomaten, Paprika, Sellerie und die Kräuter. Lassen Sie die Kräuter abtropfen. Derweil entfernen Sie das Kerngehäuse und den Strunk der Paprika, die Wurzel und das Ende vom Sellerie, ebenso die Enden der Zucchini und Möhren und die Schale von Karotten, Zwiebel und Knoblauch.

4 Hacken Sie die Gemüsezwiebel und die Knoblauchzehen in kleine Stücke, würfeln Sie die Tomaten und die Paprika und schneiden Sie den Sellerie, die Möhren sowie die Zucchini in 5 mm dicke Scheiben.

5 Geben Sie alle festen Zutaten außer den Kräutern inklusive der Klöße in den Tontopf und gießen Sie die Brühe auf. Stellen Sie den Topf bei 180 °C geschlossen für 60 Minuten in den noch kalten Ofen.

6 Hacken Sie in der Zwischenzeit die Kräuter fein und garnieren Sie die Portionen damit.

Französische Fischsuppe

4 Port. 65 Min. Leicht

Zutaten

- 300 g Seeteufel (alternativ Heilbutt)
- ¼ kg Meeresfrüchte (Muscheln, Calamari, Garnelen)
- 1 Zwiebel
- 3 Knoblauchzehen
- 400 g Tomaten (Stücke aus der Dose)
- 150 ml Weißwein
- 600 ml Fischfond
- 1 TL Thymian
- 5 Fäden Safran
- 1 Lorbeerblatt
- 1 EL Olivenöl
- 1 EL Petersilie

Nährwerte p. P.

578 kcal
9 g kh
32 g Fett
64 g Eiweiß

1 Tontopf wässern. Waschen Sie den Fisch und die Meeresfrüchte gründlich ab und lassen Sie alles gut abtropfen.

2 Entfernen Sie noch vorhandene Gräten aus dem Fisch und schneiden Sie diesen in mundgerechte Stücke. Entfernen Sie die Därme der Garnelen.

3 Schälen Sie die Zwiebel und den Knoblauch und würfeln Sie beides sehr fein.

4 Bestreichen Sie den Tontopf mit dem Öl und geben Sie Zwiebeln, Knoblauch, Safran, Tomaten, Thymian, Lorbeer, Fischfond und den Weißwein hinein.

5 Stellen Sie den geschlossenen Tontopf bei 180 °C für 30 Minuten in den noch kalten Backofen. Geben Sie dann die Meeresfrüchte und den Fisch für weitere 25 Minuten hinein, sodass sich die Muscheln öffnen können und alles gar ist.

6 Hacken Sie die Petersilie und streuen Sie diese über die Portionen.

Tipp: Besonders gut schmeckt die Suppe, wenn Sie Baguette dazu reichen.

Feurige Suppe

4 Port. 60 Min. Mittel

Zutaten

300 g Hackfleisch
2 EL Semmelbrösel
1 Ei
1 Knoblauchzehe
150 ml Sauerrahm
1 Handvoll Petersilie
2 Zwiebeln
1 Dose Tomaten, stückig
2 EL Tomatenmark
500 ml Fleischbrühe
1 große Peperoni
Salz
Pfeffer
Zucker
Paprikapulver
etwas Öl

Nährwerte p. P.

302 kcal
14 g kh
18 g Fett
20 g Eiweiß

1 Bereiten Sie zuerst die Klößchen vor. Hierfür werden Hackfleisch, Ei, Semmelbrösel und Gewürze vermengt und anschließend zu kleinen Klößchen geformt. Die Klößchen sollten nicht größer als 2 cm sein.

2 Zwiebeln und Knoblauch werden geschält und in Würfel geschnitten bzw. fein gehackt. Anschließend in einer Pfanne mit etwas Öl anbraten. Geben Sie nun die Tomaten und das Tomatenmark hinzu und gießen Sie alles mit der Brühe auf.

3 Schneiden Sie die Peperoni möglichst fein und geben Sie diese zusammen mit der Tomatensoße und den Fleischklößchen in einen gut gewässerten Tontopf.

4 Verschließen Sie den Deckel und erhitzen Sie die Suppe im Backofen auf 220 °C.

5 Nach 45 Minuten ist die Suppe servierfertig. Geben Sie der Suppe noch einen Klecks Sauerrahm zu und garnieren Sie mit Petersilie.

Bohneneintopf

4 Port. 100 Min. Leicht

Zutaten

½ kg Kartoffeln
1 kg grüne Bohnen
½ kg Lamm
1 Handvoll Bohnenkraut
Salz
Pfeffer

Nährwerte p. P.

310 kcal
31 g kh
5 g Fett
34 g Eiweiß

1 Die Bohnen werden gewaschen, die Enden werden abgeschnitten. Harte Fasern entfernen.

2 Die Kartoffeln schälen und in Würfel schneiden. Das Fleisch ebenso würfeln.

3 Im gewässerten Tontopf werden nun Schicht für Schicht die Zutaten ausgelegt. Würzen Sie nach jeder Schicht mit Salz und Pfeffer.

4 Streuen Sie das Bohnenkraut darüber und gießen Sie alles mit Wasser auf. Achten Sie darauf, dass alle Zutaten mit Flüssigkeit bedeckt sind. Verschließen Sie den Topf und stellen Sie ihn in den Backofen.

5 Bei 220 °C wird der Eintopf für 90 Minuten gegart. Schmecken Sie vor dem Servieren noch einmal mit Salz und Pfeffer ab.

Tipp: Wer kein Lammfleisch mag, kann auch Rindfleisch verwenden.

Chili con carne

4 Port. 170 Min. Leicht

Zutaten

- 1 kg Hackfleisch, gemischt
- 3 Dosen Tomaten, gehackt
- 4 Fleischtomaten
- 1 Tasse Kaffee
- 1 Tasse Orangensaft
- 1 Tasse Rinderbrühe
- 500 g Zwiebeln
- 2 Knoblauchzehen
- 1 Chilischote
- 3 Dosen Kidneybohnen
- Chiliflocken
- Nelkenpulver
- Cayennepfeffer
- Korianderpulver
- Kreuzkümmel
- Pimentpulver
- Zimt

Nährwerte p. P.

807 kcal
51 g kh
40 g Fett
56 g Eiweiß

1 Zuerst wird das Chiligewürz vorbereitet. Dazu werden je 1 TL Chiliflocken, Nelkenpulver, Cayennepfeffer, Korianderpulver, Kreuzkümmel, Pimentpulver und Zimt zusammengemischt und mit dem gehackten Knoblauch und der kleingeschnittenen Chilischote zu einer Paste vermengt.

2 Das Hackfleisch wird in einer Pfanne angebraten, währenddessen die Zwiebeln würfeln und mit anschwitzen.

3 Im gewässerten Tontopf werden das Hackfleisch, die gewürfelten Fleischtomaten, die Dosentomaten und die Kidneybohnen vermischt und mit Brühe, Saft und Kaffee aufgegossen. Geben Sie etwa ¾ der Gewürzpaste hinzu und rühren Sie noch einmal um.

4 Schließen Sie den Deckel und stellen Sie den Topf in den Backofen. Bei 200 °C wird das Chili für 2,5 Stunden gegart.

5 Nach Garzeitende wird noch einmal mit der Würzmischung abgeschmeckt. Anschließend wird das Chili serviert.

Tipp: Die Würzmischung kann in größeren Mengen zubereitet werden, in einem kleinen Glas mit Olivenöl hält es sich einige Tage. Ist das Chili zu scharf, kann ein Schuss Crème fraîche helfen.

Spanischer Bohneneintopf

4 Port. 100 Min. Leicht

Zutaten

- 1 kg Schweinenacken
- 2-3 Knoblauchzehen
- Salz
- 200 g weiße Bohnen, getrocknet
- 4 Zwiebeln
- ½ kg Mangold
- 1 TL Zitronensaft
- 5 mittlere Tomaten
- 1 Bund Minze
- etwas Salz
- etwas Pfeffer
- ¼ l Gemüsebrühe

Nährwerte p. P.

528 kcal
8 g kh
32 g Fett
48 g Eiweiß

1 Zuerst das Fleisch abspülen und mit Küchenpapier abtupfen. Den Knoblauch schälen und pressen. Salz zum Knoblauch geben und das Fleisch mit der Mischung einreiben. 8 Stunden im Kühlschrank marinieren. Bohnen ebenfalls 8 Stunden in Wasser einweichen.

2 Zwiebeln schälen und in kleine Würfel schneiden. Die Bohnen abtropfen. Bohnen und Zwiebeln in den Tontopf geben, das Fleisch kommt oben drauf. Mit der Gemüsebrühe angießen. Deckel schließen und Topf in den Ofen stellen. Bei Ober-/Unterhitze 200 °C wählen und den Topf 60 Minuten im Ofen lassen.

3 In der Zwischenzeit den Mangold waschen. Die Blätter von den Stielen befreien. Zur Seite legen. Stiele in feine Streifen schneiden. Mit Zitronensaft mischen. 10 Minuten vor Garende Mangoldstiele in den Topf zufügen und vermischen.

4 Tomaten in Spalten, Mangoldblätter in Streifen schneiden. Minze waschen, Blätter abzupfen und kleinhacken. Nach den 60 Minuten den Topf herausnehmen. Mangoldblätter, Tomaten und Minze dazugeben, untermischen und weitere 10 Minuten garen.

5 Salzen und pfeffern. Fleisch in Scheiben schneiden und auf dem Gemüse angerichtet auf Tellern verteilen. Mit Minze garnieren.

Linseneintopf

4 Port. 130 Min. Leicht

Zutaten

250 g getrocknete Linsen
2 Stangen Staudensellerie
1 EL Instant-Brühe
2 große Kartoffeln
1 EL Essig
2 Markknochen vom Rind
2 Lorbeerblätter
etwas Salz

Nährwerte p. P.

268 kcal
45 g kh
1 g Fett
18 g Eiweiß

1 Die Linsen werden für mindestens 12 Stunden in ausreichend Wasser eingeweicht.

2 Anschließend werden die Linsen abgegossen und abgetropft. Sellerie und Kartoffeln in Würfel schneiden und gemeinsam mit den Linsen in den bereits gewässerten Tontopf geben.

3 Nun die Markknochen hinzufügen, einen Schuss Essig darüber geben und die Lorbeerblätter hinzufügen.

4 Füllen Sie so viel Wasser auf, bis alle Zutaten vollständig bedeckt sind. Das Instantpulver unterrühren und den Topf verschließen.

5 Im Backofen wird der Eintopf auf 180 °C erhitzt und für 2 Stunden gekocht.

6 Nach der Garzeit noch einmal mit Essig und Salz abschmecken und die Markknochen entfernen.

Eintopf Bosnien

4 Port. 110 Min. Leicht

Zutaten

- insgesamt 600 g Rind-, Schweine- und Lammfleisch
- 300 g Weißkohl
- 100 g Bohnen
- 300 g Kartoffeln
- 200 g Tomaten
- 100 g Sellerie
- 200 g Paprika
- 1 Zwiebel
- 2 Knoblauchzehen
- gehackte Petersilie
- etwas Tomatenmark
- Salz
- Pfeffer
- ggf. 1 Lorbeerblatt

Nährwerte p. P.

353 kcal
22 g kh
12 g Fett
38 g Eiweiß

1 Zuerst wird das Fleisch gründlich gewaschen, trocken getupft und anschließend in mundgerechte Stücke geschnitten. Das gesamte Gemüse wird ebenso in Stücke geschnitten bzw. gehackt.

2 Im gewässerten Tontopf werden alle Zutaten zusammengemischt und kräftig mit Salz und Pfeffer gewürzt. Wer mag, kann noch ein Lorbeerblatt hinzufügen.

3 Gießen Sie so viel Wasser auf, dass alle Zutaten komplett bedeckt sind und in der Flüssigkeit liegen.

4 Verschließen Sie den Topf und erhitzen Sie ihn im Backofen auf 180 °C. Den Eintopf für mindestens 90 Minuten schmoren lassen.

5 Nach der Garzeit überprüfen Sie, ob das Fleisch zart genug ist, ansonsten die Zeit noch etwas verlängern.

Vegan & Vegetarisch

Ratatouille

2 Port. 45 Min. Leicht

Zutaten

1 Paprika
2 Tomaten
250 g Aubergine
250 g Zucchini
2 Knoblauchzehen
1 Zwiebel
100 ml Brühe
etwas Thymian
Salz
Pfeffer
1 EL Tomatenmark
etwas Olivenöl

Nährwerte p. P.

117 kcal, 18 g kh,
2 g Fett, 7 g Eiweiß

1 Das Gemüse wird gewaschen und anschließend in Würfel geschnitten. Zwiebeln und Knoblauch schälen und hacken. Das gesamte Gemüse wird in einem gewässerten Tontopf gleichmäßig verteilt, mit Salz und Pfeffer abschmecken. Der Thymian kann als frischer Zweig oder fein gehackt zu dem Gemüse gegeben werden.

2 Die Gemüsemischung wird mit Olivenöl beträufelt und anschließend mit der Brühe aufgegossen. Verschließen Sie den Topf und erhitzen Sie ihn im noch kalten Backofen auf 230 °C. Bei dieser Temperatur wird die Ratatouille für 30 Minuten gegart.

3 Nach Ende der Garzeit einfach die Thymianzweige entfernen und etwas Tomatenmark unter die Mischung rühren.

Tipp: Dazu passt Reis, der separat oder direkt mit dem Gemüse gegart werden kann. Hierfür aber etwas mehr Flüssigkeit verwenden.

Reis mit Gemüse

4 Port. 80 Min. Leicht

Zutaten

250 g Langkornreis
800 ml Gemüsebrühe
100 g Champignons
150 g Erbsen
2 Tomaten
75 g Mais
1 Zucchini
150 g Zuckerschoten
1 Gemüsezwiebel
2 Paprikas
2 EL Sojasoße
1 EL Sesam, geröstet
Kurkuma, Curry, Salz und Pfeffer

Nährwerte p. P.

381 kcal, 70 g kh,
5 g Fett, 13 g Eiweiß

1 Legen Sie den Tontopf eine halbe Stunde in ein Wasserbad. In der Zwischenzeit waschen Sie Tomaten, Paprika, Zucchini und Zuckerschoten. Entfernen Sie jeweils Strunk und Kerne der Paprika, die Enden der Zucchini und der Zuckerschoten. Schneiden Sie Zucchini und Paprika in mundgerechte Stücke und die Tomaten in kleine Würfel.

2 Putzen Sie die Champignons und vierteln Sie diese. Häuten Sie die Zwiebel und schneiden Sie diese in Würfel mit 1 cm Kantenlänge. Geben Sie den Reis mit der Paprika, den Erbsen, dem Mais und den Zuckerschoten gemeinsam in den Tontopf. Verrühren Sie die Gemüsebrühe mit der Sojasoße und den Gewürzen und geben Sie diese Mischung über den Gemüsereis.

3 Stellen Sie den Tontopf bei 225 °C in den Ofen und lassen Sie diesen verschlossen für 30 Minuten garen. Nach dieser Zeit geben Sie die Champignons, die Tomaten und die Zucchini hinzu, verrühren alles miteinander und geben es für weitere 20 Minuten in den Ofen. Mit Sesam garnieren.

Reis mit Kürbis

4 Port. 80 Min. Leicht

Zutaten

1 Knoblauchzehe
1 Zwiebel
3 Lauchzwiebeln
250 g Spinat
etwas Öl
300 g Kürbis
1 TL Currypaste
etwas Salz
200 ml Wasser
1 TL Instant-Brühe
150 g Reis
200 ml Kokosmilch
100 g Datteln
50 g Mandelblättchen

Nährwerte p. P.

305 kcal
30 g kh
16 g Fett
9 g Eiweiß

1 Den Kürbis schälen und das Kürbisfleisch mit einer Raspel grob zerkleinern. Den Spinat abbrausen und mit einem großen Messer kleinhacken. Zwiebeln und Datteln ebenfalls kleinschneiden.

2 Die Mandelblättchen in einer Pfanne kurz anrösten und auf einem Teller abkühlen lassen. Danach in der Pfanne etwas Öl erhitzen und darin die Zwiebeln andünsten, dann den Knoblauch hineinpressen. Zum Schluss noch das Kürbisfleisch unterrühren und für ein paar Minuten mit dünsten.

3 Der Spinat wird mitsamt Salz und Currypaste untergehoben und so lange gerührt, bis er zusammengefallen ist.

4 In einem Topf werden Wasser, Instant-Brühe und Kokosmilch erwärmt. 75 g Reis werden auf dem Boden des Tontopfes verteilt, darauf kommen das Gemüse und schließlich die Datteln. Die andere Hälfte des Reises wird zusammen mit den Mandeln auf dem Gemüse ausgebreitet.

5 Übergießen Sie alles mit der Brühe und stellen Sie den gefüllten und geschlossenen Topf in den Backofen.

6 Bei 230 °C wird der Reis nun für 60 Minuten gegart.

Kürbiscurry

4 Port. 140 Min. Leicht

Zutaten

½ kg Kartoffeln
½ kg Kürbis
1 Knoblauchzehe
1 Zwiebel
2 TL Currypulver
400 ml Kokosmilch
1 Bund Petersilie
Salz
Pfeffer

Nährwerte p. P.

268 kcal
32 g kh
13 g Fett
5 g Eiweiß

1 Kürbis und Kartoffeln schälen und in Würfel schneiden.

2 Zwiebel und Knoblauch schälen und fein hacken, die Petersilie ebenso hacken und beiseitestellen.

3 In dem gewässerten Tontopf werden nun Kartoffeln und Kürbis gleichmäßig verteilt. Zwiebeln und Knoblauch werden zugegeben und leicht untergerührt.

4 Geben Sie Curry, Salz und Pfeffer über das Gemüse und gießen Sie es mit der Kokosmilch auf.

5 Der geschlossene Topf wird auf 180 °C erhitzt und 2 Stunden bei dieser Temperatur im Ofen belassen.

6 Nach der Garzeit prüfen, ob Kürbis und Kartoffeln weich sind, eventuell noch etwas im Ofen verweilen lassen. Zum Servieren mit Petersilie bestreuen.

Kartoffelgratin mit Zucchini

4 Port. 90 Min. Leicht

Zutaten

- 300 g Zucchini
- 400 g Kartoffeln (vorwiegend festkochend)
- 1 Knoblauchzehe
- 2 Schalotten
- 100 ml Milch
- 300 ml Sahne
- 1 EL Butter
- 1 EL Mehl
- 1 Handvoll Schnittlauch
- 3 Stängel Majoran
- 100 g geriebener Emmentaler (alternativ Gouda)
- Muskatnuss, Salz, Pfeffer

Nährwerte p. P.

414 kcal
21 g kh
32 g Fett
12 g Eiweiß

1 Tontopf wässern. Waschen Sie die Zucchini und den Schnittlauch, schälen Sie die Kartoffeln, schneiden Sie diese und die Zucchini in dünne Scheiben und den Schnittlauch in feine Ringe. Waschen Sie auch den Majoran und hacken Sie diesen fein. Häuten Sie Knoblauch und Schalotten und würfeln Sie diese fein. Tontopf mit Butter bestreichen und Kartoffel- und Zucchinischeiben flach hineinlegen.

2 Verrühren Sie die Milch mit der Sahne und dem Mehl, geben Sie etwa 1 TL Salz, 1 TL Pfeffer und ½ TL Muskatnuss in die Sauce, außerdem den gehackten Majoran. Anschließend gießen Sie die Flüssigkeit über die Gemüsescheiben und bestreuen das Gratin mit dem geriebenen Käse.

3 Geben Sie den Tontopf geschlossen bei 200 °C in den noch kalten Backofen.

4 Nach 50 Minuten wird der Deckel des Tontopfes abgenommen und das Gratin für 10 weitere Minuten gebacken, damit der Käse knusprig wird. Anschließend mit Schnittlauchröllchen bestreut servieren.

Mexikanischer Mais

4 Port. 90 Min. Leicht

Zutaten

1 Chilischote
4 ganze Maiskolben
230 g kleine Zwiebeln
½ kg Möhren
750 ml Brühe
2 Knoblauchzehen
2 Paprikaschoten
Salz
Pfeffer
Paprikapulver
1 Bund Koriander

Nährwerte p. P.

180 kcal
30 g kh
3 g Fett
7 g Eiweiß

1 Die Maiskolben werden gründlich geputzt und anschließend in 3 cm große Stücke geschnitten. Die Möhren werden in grobe Scheiben geschnitten. Zwiebeln und Knoblauch schälen und grob zerkleinern, die Chilischote kleinhacken.

2 Im gewässerten Tontopf wird das Gemüse nun verteilt und mit der Brühe übergossen. Verschließen Sie den Deckel und stellen Sie den Tontopf in den noch kalten Backofen.

3 Während das Gemüse bei 220 °C für 1 Stunde gart, wird die Paprika geputzt und ebenso in grobe Stücke geschnitten.

4 Nach der Garzeit werden die Paprikastücke mit in den Tontopf gegeben und für weitere 15 Minuten mitgegart.

5 Anschließend nehmen Sie den Topf aus dem Ofen und schmecken das Gemüse mit Salz, Pfeffer, Paprikapulver und Koriander ab.

Tipp: Wer keinen Koriander mag, kann Petersilie benutzen.

Fruchtiges Curry

2 Port. 80 Min. Leicht

Zutaten

200 g Kichererbsen, Dose
½ Knolle Sellerie
2 Bund Zwiebellauch
1 Stück Ingwer (ca. 30 g)
1 Mango
150 g Joghurt
30 g geröstete Sesamsamen
500 ml Gemüsebrühe
Currypulver
Kreuzkümmel, gemahlen
Zimt, gemahlen
Koriander, gemahlen
Salz
Pfeffer
Kerbel, frisch

Nährwerte p. P.

159 kcal
20 g kh
4 g Fett
8 g Eiweiß

1 Die Kichererbsen abtropfen. Den Ingwer schälen und in feine Würfel schneiden. Den Sellerie schälen und ebenso in Würfel schneiden. Den Zwiebellauch putzen, in etwas größere Stücke schneiden.

2 Kichererbsen mit Sellerie, Zwiebellauch und Ingwer in den gewässerten Tontopf geben. Curry und Gemüsebrühe zufügen und Deckel schließen. Den Topf in den Ofen stellen und bei Ober-/Unterhitze auf 220 °C für 50 Minuten garen.

3 Nach dem Garen Joghurt zugeben und verrühren. Die Mango schälen, den Kern entfernen, und die Frucht in Stücke schneiden. Mit in den Topf geben und unterrühren. Mit Zimt, Koriander, Salz und Pfeffer abschmecken.

4 Den Tontopf für 10 Minuten zurück in den Ofen stellen. Diesen nicht wieder einschalten, sondern die Resthitze nutzen.

5 Auf Tellern anrichten. Kerbelblättchen und Sesam bilden das Topping.

Spargel

4 Port. 90 Min. Leicht

Zutaten

- 2 kg grüner Spargel
- 150 g Butter
- 1 Zitrone (Bio)
- je 1 EL Salz und Zucker

Nährwerte p. P.

393 kcal
16 g kh
32 g Fett
10 g Eiweiß

1 Legen Sie den Tontopf für 30 Minuten in ein Wasserbad, damit der Spargel nicht trocken wird.

2 Schälen Sie den Spargel, entfernen Sie die trockenen Enden und geben Sie den Spargel in den Tontopf.

3 Streuen Sie Salz und Zucker darüber, schneiden Sie die Zitrone in Scheiben und legen Sie auch diese auf den Spargel. Verteilen Sie Butterflocken über dem Spargel.

4 Schließen Sie den Topf und geben Sie ihn bei 200 °C für 45 bis 60 Minuten in den Ofen. Prüfen Sie nach 45 Minuten, ob der Spargel bereits gar ist.

Tipp: Dazu schmecken Kartoffeln und Sauce Hollandaise.

Georgische Bohnen

4 Port. 60 Min. Leicht

Zutaten

700 g Kidneybohnen, Dose
je eine Handvoll frische Minze, Dill und Koriander
3 Frühlingszwiebeln
2 Zwiebeln
2 Knoblauchzehen
2 EL Sonnenblumenöl
je 1 TL Salz, Pfeffer, Chilipulver und gemahlener Bockshornklee
ggf. etwas Gemüsebrühe

Nährwerte p. P.

267 kcal
30 g kh
7 g Fett
17 g Eiweiß

1 Legen Sie den Tontopf während der Vorbereitungszeit in ein Wasserbad. Lassen Sie die Bohnen abtropfen, fangen Sie dabei aber die Flüssigkeit auf. Falls diese nicht ausreicht, gießen Sie sie mit Gemüsebrühe auf 350 ml auf.

2 Waschen Sie die Frühlingszwiebeln und Kräuter. Schneiden Sie die Frühlingszwiebeln in Ringe und hacken Sie die Kräuter fein. Häuten Sie Knoblauch und Zwiebeln und hacken Sie beides in feine Würfel.

3 Bestreichen Sie die Innenseite des Tontopfes mit dem Öl und geben Sie alle Zutaten hinein, hierbei einige Frühlingszwiebeln aufbewahren. Verschließen Sie den Tontopf mit dem Deckel und stellen Sie ihn in den noch kalten Ofen. Das Gericht ist bei 200 °C nach etwa 45 Minuten fertig.

4 Garnieren Sie das Gericht mit den frischen Frühlingszwiebeln.

Tipp: Dazu eignet sich Zwiebelbaguette.

Weißkohleintopf

4 Port. 75 Min. Leicht

Zutaten

½ kg Weißkohl
½ kg Kartoffeln
200 g Zwiebeln
250 g Tomaten
etwas Margarine
etwas Majoran
Salz
Pfeffer
Paprikapulver
Petersilie
¼ l Brühe

Nährwerte p. P.

158 kcal
31 g kh
1 g Fett
6 g Eiweiß

1 Die Zwiebeln werden geschält und in feine Ringe geschnitten. Waschen Sie den Weißkohl gründlich ab und schneiden Sie ihn dann in Streifen. Tomaten und Kartoffeln werden in Würfel geschnitten.

2 Die Unterseite des gewässerten Tontopfs wird nun mit etwas Margarine eingefettet. Legen Sie darauf die Kartoffelwürfel.

3 Die Kartoffeln werden mit dem geschnittenen Gemüse bedeckt und mit Salz, Pfeffer, Majoran und Paprikapulver großzügig gewürzt.

4 Gießen Sie die Brühe auf und verschließen Sie den Deckel. Im Backofen wird das Gemüse bei 190 °C für 60 Minuten gegart. Wenn der Kohl noch nicht weich genug ist, belassen Sie den Tontopf noch etwas im Backofen.

5 Nach Garzeitende wird das Gemüse noch einmal abgeschmeckt und mit Gewürzen verfeinert. Zum Servieren etwas Petersilie darüber streuen.

Tipp: Für einen rauchigen Geschmack vorher den Kohl scharf anbraten.

Gemüsereis

4 Port. 90 Min. Leicht

Zutaten

1 Paprika
1 Zwiebel
250 g Reis
1 Knoblauchzehe
1 große Zucchini
½ l Brühe
200 g TK-Erbsen
Curry
Kurkuma
Pfeffer
Salz

Nährwerte p. P.

160 kcal
29 g kh
1 g Fett
7 g Eiweiß

1 Paprika und Zucchini waschen und anschließend in mundgerechte Würfel schneiden. Zwiebel und Knoblauch hacken.

2 Im gewässerten Tontopf werden nun Paprika, Zucchini, Zwiebeln, Knoblauch, Erbsen und Reis vermengt und gleichmäßig verteilt. Anschließend wird großzügig mit Kurkuma, Curry, Salz und Pfeffer gewürzt und die Brühe aufgegossen.

3 Schließen Sie den Deckel und stellen Sie den Tontopf in den kalten Backofen. Die Temperatur wird auf 180 °C eingestellt und der Gemüsereis für 80 Minuten gegart.

4 Nach Ende der Garzeit überprüfen, ob der Reis weich genug ist. Eventuell noch ein wenig im Ofen lassen.

5 Nehmen Sie den Topf aus dem Ofen, das Gemüse ist servierfertig.

Tipp: Dieses Gericht eignet sich sowohl als Hauptmahlzeit als auch als Beilage.

Kichererbseneintopf

4 Port. 60 Min. Leicht

Zutaten

- 600 g Kichererbsen
- 2 rote Zwiebeln
- 3 Knoblauchzehen
- 5 Frühlingszwiebeln
- 350 g rote und gelbe Cocktailtomaten
- 1 rote Chili
- 800 ml Gemüsebrühe
- 1 EL Olivenöl
- 1 El Petersilie
- je ½ TL Thymian, Kreuzkümmel und Kurkuma
- 3 Stiele Koriander
- Paprikapulver, Salz und Pfeffer

1 Während der Tontopf im Wasserbad liegt, waschen Sie Tomaten, Chili, Kräuter und die Frühlingszwiebeln. Häuten Sie die Zwiebeln und den Knoblauch und schneiden beides in kleine Würfel.

2 Hacken Sie anschließend den Koriander fein, die Frühlingszwiebeln ohne Wurzeln und welkes Grün in feine Ringe, die Chili in besonders feine Stücke und die Cocktailtomaten in 5 mm dicke Scheiben.

3 Reiben Sie das Innere des Tontopfes mit dem Öl ein und geben Sie alle Zutaten, mit Ausnahme der Tomaten und einiger Frühlingszwiebelringe, hinein. Schmecken Sie den Sud nach Ihrem Geschmack ab und geben Sie alles bei 180 °C für 45 Minuten geschlossen in den kalten Ofen. Nach 35 Minuten geben Sie die Tomaten hinzu.

4 Servieren Sie den Eintopf mit den Frühlingszwiebeln bestreut.

Nährwerte p. P.

186 kcal, 14 g kh, 12 g Fett, 7 g Eiweiß

Blumenkohleintopf

4 Port. 80 Min. Leicht

Zutaten

- 750 g Blumenkohl
- 2 rote Paprika
- 5 Möhren
- 1 Gemüsezwiebel
- 1 Knoblauchzehe
- 1 kleine, grüne Jalapeño
- 2 EL Petersilie
- 1 TL Currypulver
- 1,5 l Gemüsebrühe
- Salz und Pfeffer

Nährwerte p. P.

255 kcal
23 g kh
12 g Fett
10 g Eiweiß

1 Wässern Sie den Tontopf für etwa 20 Minuten. Waschen Sie das Gemüse, teilen Sie den Blumenkohl in Röschen, entkernen Sie die Paprika und schneiden Sie diese in Streifen. Schälen Sie die Möhren und schneiden Sie diese ohne die Enden in Scheiben.

2 Häuten Sie Knoblauch und Gemüsezwiebel und hacken Sie beides sehr fein. Entkernen Sie die Jalapeño und schneiden Sie diese in sehr dünne Streifen.

3 Geben Sie alle Zutaten in den Tontopf, wobei Sie die Jalapeño und die Petersilie als Topping aufbewahren. Verschließen Sie den Topf und geben Sie ihn in den kalten Backofen. Stellen Sie den Backofen auf 190 °C und lassen Sie den Tontopf für 60 Minuten darin.

4 Servieren Sie das Gericht mit einigen Scheiben der Jalapeño und mit Petersilie bestreut.

Weiße Bohnen mit Feta

5 Port. 90 Min. Leicht

Zutaten

- 2 Knoblauchzehen
- 2 große Zwiebeln
- ½ kg weiße Bohnen, Dose
- 150 ml Olivenöl
- 800 g Tomaten
- etwas Tomatenmark
- 1 Staudensellerie
- 1 große Möhre
- Dill und Petersilie, gehackt
- 200 g Fetakäse in Würfeln
- Pfeffer
- Salz

Nährwerte p. P.

461 kcal
16 g kh
36 g Fett
15 g Eiweiß

1 Die Bohnen abtropfen. Zwiebeln und Knoblauch schälen und hacken sowie das restliche Gemüse in mundgerechte Stücke schneiden. Die Möhre wird grob geraspelt.

2 In einer Pfanne werden die Zwiebeln glasig gedünstet, dann wird der Sellerie zugegeben. Möhre, Knoblauch und Tomatenmark unterrühren und ein paar Minuten mit dünsten.

3 Im gewässerten Tontopf werden die Bohnen verteilt, darauf wiederum das angedünstete Gemüse geben. Fügen Sie die Tomaten und etwas Wasser hinzu. Würzen Sie kräftig mit Salz und Pfeffer und streuen Sie die gehackten Kräuter über die Tomaten. Zum Schluss noch das Olivenöl darüber geben.

4 Den geschlossenen Topf bei 180 °C für 1 Stunde im Ofen belassen.

5 Streuen Sie den Feta über das Gemüse und lassen Sie diesen bei geöffnetem Deckel für 10 Minuten schmelzen.

Biryani

4 Port. 90 Min. Leicht

Zutaten

400 g Reis
3 Zwiebeln
250 g Kartoffeln
350 g Blumenkohl
2 Fleischtomaten
etwas Ingwer
2 EL Joghurt
200 g Erbsen
2 EL geraspelte Mandeln
3 gekochte Eier
etwas Öl

Gewürze:

Nelkenpulver
Zimt
Kardamom
2-3 Lorbeerblätter
Kurkuma
Paprikapulver
Chiliflocken
Kreuzkümmel

Nährwerte p. P.

349 kcal, 38 g kh,
16 g Fett, 11 g Eiweiß

1 Die Zwiebeln schälen und in kleine Würfel schneiden, danach in einer Pfanne mit etwas Öl kurz anbraten. Nun den Reis zugeben und mit 250 ml Wasser auffüllen. Lassen Sie den Reis für 10 Minuten kochen.

2 Blumenkohl und Kartoffeln in 2-3 cm große Stücke schneiden. Die Tomaten vierteln und den Ingwer fein reiben. In einer weiteren Pfanne wird in etwas Öl je ½ TL der Gewürze erhitzt, darin werden Blumenkohl und Kartoffeln geschwenkt.

3 Danach Ingwer, Tomaten und Erbsen hinzugeben. Zum Schluss noch den Joghurt unterrühren und mit einer Tasse Wasser aufgießen. Alles etwa 5 Minuten garen lassen.

4 In den gewässerten Tontopf werden nun abwechselnd Reis und Kartoffel-Blumenkohl-Mischung gefüllt.

5 Den geschlossenen Topf bei 200 °C für 1 Stunde im Backofen belassen. Zum Schluss noch einmal durchmengen und mit Eierspalten und geraspelten Mandeln servieren.

Auberginenauflauf

4 Port. 85 Min. Leicht

Zutaten

- 2 Auberginen
- 3 Tomaten
- 2 Zwiebeln
- 1 Knoblauchzehe
- 1 Dose Tomaten (in Stücken)
- 1 EL Tomatenmark
- 3 EL Olivenöl
- 2 EL Parmesan (ggf. auf vegetarische Variante achten)
- je 1 TL Oregano, Basilikum und Petersilie
- Zucker, Salz und Pfeffer

Nährwerte p. P.

260 kcal
12 g kh
15 g Fett
7 g Eiweiß

1 Auberginen waschen und in ca. 1 cm dicke Scheiben schneiden. Verteilen Sie sie auf einem großen Teller und bestreuen Sie sie mit viel Salz. Lassen Sie die Auberginenscheiben 30 Minuten entwässern. In der Zwischenzeit häuten Sie Knoblauch und Zwiebeln und hacken beides fein.

2 Waschen Sie die Tomaten und übergießen Sie diese für 2 Minuten mit heißem Wasser, damit Sie sie enthäuten und anschließend in Würfel schneiden können. In einem Topf erhitzen Sie etwas Öl und braten darin Zwiebeln und Knoblauch an. Die Tomaten aus der Dose hinzugeben und mit Tomatenmark eindicken. Zum Schluss die frischen Tomaten hinzugeben. Schmecken Sie die Soße mit Salz, Pfeffer, Zucker und den Kräutern ab.

3 Reinigen Sie die Auberginenscheiben vom Salz und tupfen Sie diese trocken. Anschließend bestreichen Sie die Scheiben mit Öl, legen diese auf ein Backblech (mit Backpapier) und geben sie bei 200 °C für 10 Minuten in den Ofen. Wenden Sie die Scheiben nach der Hälfte der Zeit.

4 Tontopf mit Öl ausstreichen. Schichten Sie Auberginen und Tomatensoße abwechselnd. Sorgen Sie dabei dafür, dass alle Scheiben mit Tomatensoße bedeckt sind. Streuen Sie den Parmesan über die Soße und stellen Sie den Auflauf bei 180 °C verschlossen für 40 Minuten in den noch kalten Backofen. Nehmen Sie den Deckel nach 35 Minuten ab.

Gefüllte Auberginen

4 Port. 85 Min. Leicht

Zutaten

4 große Auberginen
1 Dose Champignons
1 Zwiebel
1 Knoblauchzehe
Rosmarin
Pfeffer
Salz
etwas Gin
geriebener Parmesan (ggf. auf vegetarische Variante achten)

Nährwerte p. P.

90 kcal
11 g kh
2 g Fett
7 g Eiweiß

1 Die Auberginen werden gründlich gewaschen und deren Spitzen abgeschnitten. Dann der Länge nach halbieren und aushöhlen, sodass kleine Schiffchen entstehen.

2 In einer Schüssel werden das Fruchtfleisch der Auberginen sowie gehackte Champignons, Zwiebel und Knoblauch zu einer Paste vermengt. Würzen Sie kräftig mit Pfeffer, Salz und Rosmarin.

3 Die Paste wird gleichmäßig auf alle 8 Schiffchen verteilt, diese werden dann in den Tontopf gelegt. Verschließen Sie den Topf und stellen Sie ihn in den kalten Backofen.

4 Stellen Sie die Temperatur auf 220 °C und lassen Sie die Auberginen für 50 Minuten garen.

5 Nehmen Sie den Deckel ab, beträufeln Sie die Auberginen mit einem Schuss Gin und streuen Sie etwas Parmesan darüber. So lassen Sie die Auberginen bei geschlossenem Deckel noch weitere 10 Minuten backen.

Gemüseauflauf

4 Port. 85 Min. Leicht

Zutaten

500 g Tomaten
300 g Spinat
750 g Kartoffeln
2 Knoblauchzehen
1 Zwiebel
150 ml Vollmilch
250 ml Sahne
200 g Fetakäse
4 Eier
Olivenöl
Pfeffer
Salz

Nährwerte p. P.

499 kcal
40 g kh
28 g Fett
19 g Eiweiß

1 Die Kartoffeln werden geschält und in feine Scheiben geschnitten. Die Tomaten und die Zwiebel werden gewürfelt, der Knoblauch wird gepresst.

2 Den Käse in einer Schüssel zerdrücken und mit Milch, Sahne und Eiern vermengen. Würzen Sie die Mischung mit Salz und Pfeffer.

3 Der Tontopf wird mit Öl eingefettet. Nun abwechselnd Kartoffeln und Spinat mit Knoblauch und Zwiebeln hineinlegen. Zum Schluss die Tomaten darüber verteilen.

4 Gießen Sie die Eimischung über den Auflauf und verschließen Sie den Deckel. Bei 220 °C muss der Auflauf für etwa 1 Stunde backen.

5 Danach lassen Sie den Auflauf bei geöffnetem Deckel noch 10 Minuten lang bräunen.

Tipp: Wem das zu lange dauert, kann auch bereits gekochte Kartoffeln verwenden und damit die Backzeit um etwa die Hälfte verkürzen.

Gefüllte Paprika mit Quinoa

4 Port. 90 Min. Mittel

Zutaten

- 160 g Quinoa
- 4 große Paprikaschoten nach Wahl
- 150 g Champignons
- 400 g Tomaten (in Stücken aus der Dose)
- 1 rote Zwiebel
- 1 Knoblauchzehe
- 2 EL Kräutermischung (italienische oder Gartenkräuter)
- ½ TL Kreuzkümmel
- 1 EL Sonnenblumenöl
- 600 ml Gemüsebrühe
- etwas frisches Basilikum
- 50 g veganer Parmesan
- Chilipulver, Salz und Pfeffer
- etwas Tomatenmark

Nährwerte p. P.

369 kcal
44 g kh
14 g Fett
15 g Eiweiß

1 Geben Sie 500 ml Gemüsebrühe in einen Topf und garen Sie darin die Quinoa nach Packungsanweisung. Entnehmen Sie die Quinoa anschließend und stellen Sie diese beiseite.

2 Häuten Sie Knoblauch und Zwiebel, waschen Sie die Paprika und putzen Sie die Champignons. Teilen Sie die Champignons samt Stängel in feine Würfel. Schneiden Sie die Paprika längs durch, sodass Sie Hälften mit je einem halben Strunk vor sich liegen haben und entfernen Sie die Kerne und das innere Weiße. Schneiden Sie Zwiebel und Knoblauch in kleine Würfel und verrühren Sie diese in einer Schüssel mit Tomatenmark, Dosentomaten, Champignonwürfeln und Quinoa. Schmecken Sie die Mischung mit den Gewürzen ab, bevor Sie diese in die Paprikahälften füllen und alles mit dem veganen Käse bestreuen.

3 Geben Sie die restliche Gemüsebrühe in den Tontopf und legen Sie die gefüllten Paprika mit der Füllung nach oben hinein.

4 Garen Sie die Mahlzeit im zu Beginn kalten Backofen bei 190 °C verschlossen für 60 Minuten. Für die letzten 5 bis 10 Minuten entfernen Sie den Deckel, damit alles leicht knusprig wird.

5 Servieren Sie das Gericht anschließend mit frischem Basilikum.

Kürbis-Kartoffelbrei mit Pilzen

Zutaten

750 g Kartoffeln, vorwiegend festkochend
750 g Hokkaidokürbis
100 g Graupen
200 g Champignons
2 Möhren
1 Tomate
1 Stangensellerie
1 Zwiebel
1 Knoblauchzehe
2 EL Öl
1 EL Tomatenmark
400 ml Gemüsebrühe
je 1 TL Majoran und Oregano
5 Wacholderbeeren
Muskatnuss, Salz, Pfeffer

Nährwerte p. P.

336 kcal
61 g kh
4 g Fett
13 g Eiweiß

1 Tontopf wässern. Schälen und würfeln Sie Kürbis und Kartoffeln, dann in Salzwasser garen. Beginnen Sie dabei mit den Kartoffeln, diese brauchen etwa 25 Minuten, geben Sie den Kürbis nach 10 Minuten dazu. Anschließend abgießen. Graupen nach Packungsanweisung garen.

2 Waschen und schälen Sie das restliche Gemüse. Schneiden Sie die Möhren in kleine Stücke, vierteln Sie den Sellerie der Länge nach und schneiden Sie ihn dann in feine Ringe. Würfeln Sie die gehäutete Zwiebel sowie die Tomate und pressen Sie den Knoblauch. Champignons putzen und in Scheiben schneiden.

3 Geben Sie das Öl in den Tontopf und schichten Sie darin den Knoblauch und die Zwiebelwürfel, danach Möhren, Sellerie und dann die Tomatenwürfel. Verrühren Sie die Gemüsebrühe mit dem Tomatenmark, schmecken Sie den Sud mit den Gewürzen und Kräutern kräftig ab und geben Sie die Graupen und Wacholderbeeren hinzu. Den Sud über das Gemüse gießen. In der Zwischenzeit geben Sie Öl, Salz, Pfeffer und Muskat zu den Kartoffel- und Kürbiswürfeln und stampfen alles zu einem sämigen Püree.

4 Verteilen Sie das Püree gleichmäßig auf der Gemüsefüllung und stellen Sie alles bei 200 °C Ober- und Unterhitze für 50 Minuten in den noch kalten Backofen. Für die letzten 5 Minuten den Deckel entfernen, um etwas mehr Biss in die oberste Schicht zu bekommen.

Bunter Zucchini Eintopf

4 Port. 90 Min. Leicht

Zutaten

2 Zucchini
250 g Blattspinat
3 rote Zwiebeln
2 Salatgurken
250 g dicke Bohnen (TK oder frische über Nacht eingeweicht)
100 g Staudensellerie
1 EL Öl nach Geschmack
2 TL Senfkörner
1 TL Salz
20 g Butter
Prise Zucker
etwas Salz
etwas Pfeffer
Muskatnuss gerieben
1 Becher Creme fraiche

Nährwerte p. P.

345 kcal
7 g kh
32 g Fett
4 g Eiweiß

1 Gurken schälen, der Länge nach teilen und in Scheiben (ca. 1 cm) schneiden. Die Zucchini waschen, die Enden entfernen und in Scheiben schneiden. Den Staudensellerie waschen und kleinschneiden.

2 Sellerie, Gurke, Zucchini und Bohnen mit einer Prise Salz und den Senfkörnern in den gewässerten Tontopf geben. Für ca. 15 Minuten ziehen lassen.

3 Butter darüber geben, den Tontopf verschließen und in den Ofen stellen. Eine Garzeit von 60 min bei 200 °C Ober-/Unterhitze wählen.

4 In der Zwischenzeit den Spinat waschen. Zusammen mit den Zwiebeln kleinschneiden. Die Zwiebeln in Ringe oder auch Scheiben schneiden.

5 Nach einer Stunde den Spinat in den Tontopf geben, Ofen ausschalten und weitere 10 Minuten garen.

6 Die Zwiebeln in einer Pfanne mit etwas Öl anbraten. Mit ein wenig Zucker karamellisieren. Die Zucchinimischung mit Salz, Pfeffer und Muskat abschmecken und auf Tellern verteilen. Die karamellisierten Zwiebeln bilden zusammen mit der Creme fraiche das Topping.

Schweizer Kartoffelrösti

3 Port. 40 Min. Leicht

Zutaten

12 große Kartoffeln, gekocht
3 mittelgroße Zwiebeln
Salz
Butter
1 Becher Sahne

Nährwerte p. P.

283 kcal
50 g kh
6 g Fett
7 g Eiweiß

1 Kartoffeln schälen, auf einer Reibe grob raspeln und in den gewässerten Tontopf geben. Zwiebeln schälen, in Butter anbraten, zu den Kartoffeln geben. Salz in die Sahne geben, verrühren und über die Kartoffel-Zwiebel-Mischung geben.

2 Den Deckel schließen und bei 250 °C für 30 Minuten garen.

Desserts & Süßspeisen

Orangen-Dampfnudeln

4 Port. 60 Min. Leicht

Zutaten

1 Packung Hefeklöße (8 Stk.), TK
250 ml Milch
50 g Butter
40 g Zucker
1 EL Orangenabrieb
1 EL Orangensaft

Nährwerte p. P.

317 kcal
48 g kh
10 g Fett
7 g Eiweiß

1 In einem kleinen Topf wird die Milch erwärmt. Geben Sie die Butter und den Zucker dazu. Solange rühren, bis sich der Zucker gelöst hat. Geben Sie auch den Orangensaft hinzu.

2 In den gewässerten Tontopf wird die Milchmischung hineingeschüttet. Die Hefeklöße werden vorsichtig in die Milch gelegt. Verschließen Sie den Topf und stellen Sie ihn in den Backofen.

3 Die Temperatur auf 160 °C einstellen und die Hefeklöße in der Soße für 50 Minuten gehen lassen.

4 Die Hefeklöße mit der Soße servieren und etwas Orangenabrieb darüber streuen.

Mandelcreme

4 Port. 55 Min. Leicht

Zutaten

- 1 Vanilleschote
- 1 Becher Sahne
- 400 ml Milch
- 100 g gemahlene Mandeln
- 4 Eier
- 140 g Zucker

Nährwerte p. P.

456 kcal
35 g kh
29 g Fett
11 g Eiweiß

1 Die Vanilleschote längs aufschneiden und das Mark herausnehmen. Dann die Schote, das Mark und die Mandeln in Milch und Sahne zum Kochen bringen. Gießen Sie die Flüssigkeit durch ein Sieb. Flüssigkeit und feste Bestandteile aufbewahren.

2 70 g Zucker werden mit den Eiern verrührt und nach und nach mit der Milch vermengt.

3 Die Flüssigkeit wird nun in einen gewässerten Tontopf gefüllt und verschlossen in den Backofen gestellt. Erhitzen Sie den Backofen auf 160 °C und lassen Sie die Mandelmilch 40 Minuten lang backen.

4 In der Zwischenzeit nehmen Sie die Schote aus dem Sieb und zerdrücken die Mandeln. Diese werden mit dem restlichen Zucker vermischt und nach der Backzeit unter die Milch gemengt.

5 Bei 250 °C die Mandelcreme für weitere 5 Minuten backen und schließlich im Tontopf abkühlen lassen.

Tipp: Etwas Bittermandelaroma verstärkt den Geschmack zusätzlich.

Brownies mit Schokosoße

12 Port. 70 Min. Mittel

Zutaten

350 g zartherbe Schokolade (mindestens 60 % Kakaoanteil)
100 g Backkakao
140 g Mehl
1 Päckchen Butter (250 g)
6 Eier (Größe M)
120 g weißer Zucker
180 g brauner Zucker
4 EL Sonnenblumenöl
1 TL Backpulver
150 g Schlagsahne

Nährwerte p. P.

588 kcal
31 g kh
36 g Fett
10 g Eiweiß

1 Tontopf wässern. Hacken Sie die Zartbitterschokolade. Stellen Sie 80 g davon beiseite. Schmelzen Sie 120 g zusammen mit der Butter in einem Wasserbad und stellen Sie die restlichen 150 g Schokolade für die Soße beiseite. Rühren Sie das Öl unter die Schokoladenmasse.

2 Schlagen Sie die Volleier mit jeweils 120 g weißem und braunem Zucker gründlich auf, bis diese schön schaumig sind. Mischen Sie Backkakao, Mehl und Backpulver separat miteinander und rühren Sie diese dann kräftig unter die flüssige Schokomasse. Vermengen Sie diese Masse mit der Eiercreme und rühren Sie die 80 g gehackte Schokolade unter den Teig.

3 Fetten Sie den Tontopf ein und geben Sie den Teig hinein. Stellen Sie die Brownies für 40 Minuten bei 175 °C Ober- und Unterhitze in den Ofen. Machen Sie dann die Stäbchenprobe und falls noch Teig kleben bleibt, etwas länger backen. Die Füllhöhe Ihres Tontopfes entscheidet darüber.

4 In der Zwischenzeit erhitzen Sie vorsichtig die Sahne und lösen den restlichen braunen Zucker und die Schokolade darin auf.

5 Geben Sie die noch heiße Soße vor dem Servieren auf die Brownies.

Kirschenplotzer

4 Port. 75 Min. Leicht

Zutaten

- 5 Brötchen
- 500 ml Milch
- Butter zum Fetten
- 100 g Butter
- 100 g Zucker
- 4 Eier
- je 250 g Süß- und Sauerkirschen
- 1 Tüte Sahnepudding
- Semmelbrösel

Nährwerte p. P.

848 kcal
145 g kh
22 g Fett
12 g Eiweiß

1 Die Brötchen werden in dicke Scheiben geschnitten und in der Milch eingeweicht. Währenddessen Butter und Zucker schaumig schlagen und anschließend die Eier unterheben. In die Masse nun das Puddingpulver und die Milchbrötchen rühren.

2 Den Tontopf mit etwas Butter fetten und etwas von der Masse auf dem Boden verteilen. Darüber etwas von den Kirschen verteilen und mit Semmelbrösel bestreuen. So weitermachen, bis alle Zutaten verbraucht sind. Abschließend eine Schicht Semmelbrösel darauf geben.

3 Den verschlossenen Topf in den Backofen stellen und auf 200 °C aufheizen. Den Kirschenplotzer für 1 Stunde backen.

4 Das Gericht kann warm oder kalt serviert werden.

Tipp: Mit Zimt oder Nelken ergeben sich weitere Geschmacksvarianten.

Kirschmichel

4 Port. 100 Min. Leicht

Zutaten

3 Brötchen
250 g Sahnequark
100 g Zucker
2 Eier
4 Tropfen Zitronenaroma
500 g entkernte Kirschen
¼ l Milch
1 EL Zucker
etwas Butter

Nährwerte p. P.

416 kcal
54 g kh
10 g Fett
14 g Eiweiß

1 Brötchen in dünne Scheiben schneiden. Mit der Hälfte der Brötchen den Boden des Tontopfes auslegen.

2 Sahnequark mit 100 g Zucker, 1 Ei, Zitronenaroma und Kirschen verrühren. Füllen Sie die Masse in den Tontopf auf die Brötchen und bedecken Sie alles mit der zweiten Schicht Brötchen.

3 Die Milch mit dem zweiten Ei und 1 EL Zucker verquirlen, Mischung in den Tontopf auf die Brötchen gießen und feine Butterflöckchen darauf setzen. Zuletzt Deckel schließen, Tontopf in den kalten Ofen schieben und 80 Minuten bei 220 °C backen.

Tipp: Dazu passt Vanillesoße.

Milchreis

6 Port. 85 Min. Leicht

Zutaten

500 g Milchreis
175 g Zucker
2 TL Zimt
1,75 l Milch
50 g Butter
1 Handvoll Minze

Nährwerte p. P.

392 kcal
55 g kh
13 g Fett
12 g Eiweiß

1 Legen Sie den Tontopf für 30 Minuten in ein Wasserbad. Waschen Sie derweil die Minze, zupfen Sie die Blätter ab und hacken Sie diese besonders fein.

2 Wischen Sie den Tontopf einmal aus und reiben Sie diesen mit der Butter ein.

3 Vermengen Sie Zimt und Zucker und streuen Sie den Boden des Topfes mit 1-2 EL der Mischung aus. Zunächst den Milchreis, die Minze, dann den restlichen Zucker und schließlich die Milch ohne Rühren in den Tontopf geben.

4 Stellen Sie den Topf ohne Deckel für 75 Minuten bei 175 °C Umluft in den Ofen und probieren Sie nach einer Stunde, ob der gewünschte Biss bereits erreicht ist.

Tipp: Dazu schmecken Fruchtkompott oder frische Früchte.

Bratapfel

6 Port. 80 Min. Mittel

Zutaten

6 große, säuerliche Äpfel
100 g Rosinen
150 g Mandeln
3 EL Zucker
3 EL Rum
3 Eiweiße
50 g Puderzucker

Nährwerte p. P.

347 kcal
40 g kh
14 g Fett
8 g Eiweiß

1 Schälen Sie die Äpfel und befreien Sie sie mit einem Apfelstecher vom Kerngehäuse.

2 Im gewässerten Tontopf werden die Äpfel nebeneinander aufgestellt. Füllen Sie in jeden Apfel eine Mischung aus Mandeln und Rosinen.

3 Wenn noch etwas davon übrigbleibt, einfach im Tontopf verteilen. Bestäuben Sie alles mit Zucker und beträufeln Sie die Äpfel mit etwas Rum.

4 Im geschlossenen Tontopf bei 220 °C für 45 - 60 Minuten backen.

5 Schlagen Sie das Eiweiß steif und heben Sie den Puderzucker unter. Den Eischnee in eine Spritze geben und kurz vor Ende der Garzeit eine Haube auf jeden Apfel setzen.

6 Ohne Topfdeckel noch etwa 10 Minuten backen lassen, sodass die Schneehaube beginnt, bräunlich zu werden.

Pfirsichauflauf

4 Port. 60 Min. Leicht

Zutaten

- 200 g Amaretto-Kekse
- 1 Dose Pfirsiche
- 2 Eier
- 1 EL Grieß
- 1 Pck Vanillezucker
- Zitronensaft

Nährwerte p. P.

249 kcal
43 g kh
5 g Fett
5 g Eiweiß

1 Die Pfirsiche werden über ein Sieb gegeben und abgetropft. Die Kekse möglichst fein zerbröseln.

2 In einer Schüssel werden Vanillezucker, Eier und ein Schuss Zitronensaft zu einer Creme geschlagen. Heben Sie nun den Grieß und einen großen Teil der Kekse unter die Masse.

3 Im gewässerten Tontopf werden die restlichen Kekskrümel verteilt, darauf wird wiederum die Keks-Grieß-Masse gegeben. Belegen Sie sie gleichmäßig mit den Pfirsichen.

4 Der verschlossene Tontopf wird nun in den kalten Backofen gestellt und auf 200 °C erhitzt. Lassen Sie die Masse für 45 Minuten backen.

Tipp: Der Auflauf kann heiß oder kalt serviert werden.

Schokoauflauf

6 Port. 60 Min. Leicht

Zutaten

200 g Zartbitterschokolade
100 g Amarettini
4 Eier
50 g Zucker
100 ml Schlagsahne
etwas Salz
30 g Mandeln, gehobelt

Nährwerte p. P.

377 kcal
28 g kh
24 g Fett
11 g Eiweiß

1 Brechen Sie die Schokolade in Stücke, geben Sie sie in einem Topf in ein Wasserbad und bringen Sie sie zum Schmelzen. Die Schlagsahne unterrühren. Zerdrücken Sie die Amarettini in einem Gefrierbeutel mit einer Teigrolle. Trennen Sie die Eier und schlagen Sie das Eigelb mit 25 g Zucker auf.

2 Schlagen Sie das Eiweiß mit etwas Salz steif und geben Sie den übrigen Zucker nach und nach dazu. Rühren Sie die abgekühlte aber noch flüssige Schokolade unter die Creme aus Eigelb und heben Sie den Eischnee und die Amarettinistücke unter.

3 Zuletzt die Masse in den gewässerten Tontopf geben, Deckel verschließen und bei 200 °C Ober-/Unterhitze für 45 Minuten garen. Vor dem Servieren mit Mandeln garnieren.

Pallatschinkenauflauf mit Erdbeeren

6 Port. 70 Min. Mittel

Zutaten

- 500 g Erdbeeren
- 100 g Zucker
- ½ Päckchen Vanillezucker
- 1 EL Stärke
- 5 Eier (Größe M)
- 375 ml Milch
- 200 g Mehl
- 2 EL Zitronensaft
- 250 g Magerquark
- Salz
- etwas Butter

Für die Streusel:

- je 150 g Butter und Zucker
- 300 g Mehl

Nährwerte p. P.

802 kcal
110 g kh
29 g Fett
23 g Eiweiß

1 Pfannkuchenteig aus 4 Eiern, Milch, Mehl und etwas Salz herstellen. In einer Pfanne zu ca. 6 Pfannkuchen braten. Währenddessen aus Quark, Zitronensaft, dem fünften Ei und 50 g Zucker die Quarkfüllung zubereiten und kaltstellen.

2 Erdbeeren vierteln. Geben Sie die Erdbeeren zusammen mit 50 g Zucker, Vanillezucker und 500 ml Wasser in einen Topf und kochen Sie alles zusammen mit der Stärke auf, bis es andickt. Pürieren Sie die Masse, bis noch einige Stücke darin enthalten sind, anschließend abkühlen lassen.

3 Tontopf mit etwas Butter bestreichen und eine Schicht Pfannkuchen hineinlegen. Geben Sie darauf etwas von der Quarkmasse, dann etwas von der Erdbeermasse, dann wieder einen Pfannkuchen und so weiter.

4 Stellen Sie den Tontopf für 30 Minuten geschlossen bei 160 °C in den Backofen. Verrühren Sie derweil die Zutaten für die Streusel miteinander. Diese verteilen Sie nach der ersten Backzeit auf dem Auflauf. Ohne Deckel für weitere 10 Minuten backen.

Tipp: Das Dessert schmeckt warm und kalt, auch mit etwas Puderzucker bestreut.

Rhabarberkuchen

5 Port. 60 Min. Leicht

Zutaten

500 g Rhabarber
½ TL Butter
225 g Zucker
125 g Butter
1 Pck. Vanillezucker
2 Eier
150 g Mehl
1 TL Backpulver
etwas Puderzucker

Nährwerte p. P.

541 kcal
72 g kh
24 g Fett
7 g Eiweiß

1 Tontopf wässern und mit Butter einfetten. Ziehen Sie den Rhabarber ab und schneiden Sie ihn in 2 cm große Scheiben. Fügen Sie 100 g Zucker hinzu und geben Sie alles in den Tontopf.

2 Rühren Sie die Butter, Eier, 125 g Zucker und den Vanillezucker schaumig. Mischen Sie Mehl mit Backpulver und rühren Sie es nach und nach in die Ei-Masse. Geben Sie diesen Teig auf den Rhabarber, schließen Sie den Deckel und garen Sie alles bei 200 °C für 30 Minuten. Entfernen Sie danach den Deckel und lassen Sie alles für weitere 20 Minuten backen.

3 Zum Servieren mit einem große Löffel Stücke abstechen und mit Puderzucker bestreuen.

Nussauflauf

4 Port. 100 Min. Leicht

Zutaten

175 g Zucker
3 Eier
1 Pck Vanillezucker
500 g Quark
150 g gemahlene Nüsse
4 EL Speisestärke
¼ l Milch

Für die Soße:

500 g Erdbeeren

Nährwerte p. P.

598 kcal
50 g kh
34 g Fett
20 g Eiweiß

1 Die Eier werden mit Zucker und Vanillezucker zu Schaum geschlagen. Heben Sie die Nüsse unter und rühren Sie Milch und Quark hinein. Geben Sie zum Eindicken Speisestärke hinzu.

2 In einem gewässerten Tontopf den Teig verteilen und den Deckel schließen. Erhitzen Sie den Topf im Backofen auf 220 °C und lassen Sie den Auflauf für 90 Minuten backen.

3 In der Zwischenzeit werden die Erdbeeren püriert.

4 Nehmen Sie den Topf aus dem Ofen und servieren Sie den warmen Auflauf mit etwas Erdbeersoße.

Buchteln

12 Port. 150 Min. Mittel

Zutaten

- 2 Eier (Größe M)
- 1 Hefewürfel (frisch)
- 375 g Mehl
- 120 ml Milch
- 100 g Zucker
- 5 EL Butter
- 1 Prise Salz

Nährwerte p. P.

206 kcal
31 g kh
7 g Fett
5 g Eiweiß

1 Tontopf wässern. Erwärmen Sie die Milch und lösen Sie Hefe und etwas Zucker unter Rühren darin auf.

2 Sieben Sie das Mehl in eine Schüssel, drücken Sie sanft eine Mulde in die Mitte und geben Sie die Milch hinein. Vermengen Sie alles, indem Sie etwas Mehl vom Rand in die Mulde rühren. Lassen Sie alles für 10 Minuten an einem warmen Ort gehen.

3 Vermengen Sie in der Zwischenzeit die Eier mit der Butter, dem restlichen Zucker und einer Prise Salz. Wenn die Zutaten gut vermischt sind, geben Sie die Mehl-Masse hinzu und kneten mittels eines Knethakens den Teig homogen. Decken Sie den Teig ab und stellen Sie ihn abgedeckt für 45 Minuten an einen warmen Ort.

4 Tontopf mit Butter einfetten, das Fett mit etwas Zucker bestreuen und den Teig in 12 gleichgroße Bällchen einteilen. Nebeneinander in den Tontopf geben und weitere 20 Minuten ruhen lassen. Stellen Sie eine feuerfeste Form mit Wasser gefüllt unten in den Ofen.

5 Bei 200 °C im geschlossenen Tontopf für 35 Minuten backen. Dann die Buchteln mit etwas Butter bestreichen und weitere 5 Minuten ohne Deckel im Backofen backen.

Die Buchteln schmecken noch besser, wenn Sie diese mit Puderzucker bestreuen.

Biskuitpudding

4 Port. 75 Min. Leicht

Zutaten

100 g Zucker
4 Eier
1 Pck. Vanillezucker
Zitronenabrieb
60 g Stärkemehl
60 g Mehl
4 EL Milch
1 Prise Salz
½ TL Backpulver

Nährwerte p. P.

277 kcal
50 g kh
5 g Fett
6 g Eiweiß

1 Zuerst die Eier trennen und anschließend die Eigelbe mit dem Zucker und dem Vanillezucker schaumig rühren. Geben Sie etwas Zitronenabrieb dazu.

2 Mehl, Backpulver und Stärkemehl mischen und vorsichtig unter die Eimasse heben. Geben Sie etwas Milch hinzu, damit der Teig geschmeidig wird.

3 Nun wird das Eiweiß mit einer Prise Salz steif geschlagen und vorsichtig unter den Teig gehoben.

4 Geben Sie den Teig in einen gewässerten Tontopf und verschließen Sie diesen. Bei 200 °C wird der Teig für 60 Minuten gebacken.

5 Nach der Garzeit kurz abkühlen lassen und den Pudding dann auf eine Platte oder einen großen Teller stürzen.

Tipp: Schmeckt sehr gut mit Schokoladensoße.

Maisgrießauflauf

5 Port. 120 Min. Leicht

Zutaten

1 l Milch
40 g Butter
1 Pck. Vanille-Zucker
175 g Maisgrieß
1 Bio-Orange
200 g Pflaumen, getrocknet
6 EL Rum, braun
3 Eier
80 g Zucker
etwas Puderzucker

Nährwerte p. P.

409 kcal
62 g kh
13 g Fett
14 g Eiweiß

1 Kochen Sie zunächst Milch mit der Butter und dem Vanille-Zucker in einem Topf auf. Rühren Sie den Maisgrieß unter und lassen Sie alles ca. 3 Minuten kochen. Dann abkühlen lassen.

2 Orangenschale lösen und feinhacken. Vermischen Sie Pflaumen, Rum und die Orangenschalen und lassen Sie alles 40 Minuten durchziehen.

3 Trennen Sie die Eier. Schlagen Sie das Eiweiß mit 30 g Zucker steif. Schlagen Sie das Eigelb mit dem restlichen Zucker zu einer Creme. Rühren Sie den Grieß unter die Eigelb-Creme und heben Sie zuletzt alles unter den Eischnee.

4 Geben Sie die Hälfte der Grießmasse in den gewässerten Tontopf, fügen Sie die Pflaumen mit dem Rum hinzu und bedecken Sie alles mit der restlichen Grießmasse.

5 Deckel schließen und alles für ca. 75 Minuten bei 200 °C Ober-/Unterhitze im Ofen garen.

6 Bestäuben Sie den Auflauf mit Puderzucker und servieren Sie ihn.

Apfelkuchen

4 Port. 50 Min. Mittel

Zutaten

1,25 kg Äpfel
1 Pck. Blätterteig
etwas Zimtstange
250 g Zucker
3 EL Marmelade
2 EL Butter
3 EL Rosinen
etwas Ingwerpulver
2 EL Rum
Saft einer Zitrone

Nährwerte p. P.

464 kcal
83 g kh
12 g Fett
3 g Eiweiß

1 Der Blätterteig wird in dem gewässerten Tontopf ausgelegt. Achten Sie darauf, dass noch genügend Teig übrig ist, um daraus den Deckel zu formen.

2 Die Äpfel werden geschält und in dünne Spalten geschnitten. Vermischen Sie die Äpfel in einer Schüssel mit Marmelade, Ingwer, Zimt, Zitronensaft, Rum und Zucker. Geben Sie auch die Rosinen dazu.

3 Die Masse wird gleichmäßig auf dem Blätterteig verteilt, anschließend wird der „Deckel" aus Teig aufgesetzt. Bestreichen Sie den Kuchen mit der Butter und verschließen Sie den Tontopf.

4 Bei 200 °C wird der Kuchen so lange gebacken, bis der Blätterteig braun ist.

Tipp: Der Blätterteig benötigt etwa 30-40 Minuten. Nehmen Sie ab und zu den Topfdeckel ab, um zu kontrollieren.